# La visualización desmitificada

*Los secretos nunca antes contados para reprogramar tu mente subconsciente y manifestar la realidad de tus sueños en 5 pasos sencillos*

*La ley de la atracción libros cortos, libro 3*

Por Elena G. Rivers

**Copyright © Elena G.Rivers 2021 - Todos los derechos reservados.**

**ISBN:** 978-1-80095-074-0

Aviso legal:

Este libro está protegido por derechos de autor. Es solo para uso personal.

**Aviso de exención de responsabilidad:**

Tenga en cuenta que la información contenida en este documento es solo para fines educativos y de entretenimiento. Se ha hecho todo lo posible para proporcionar información precisa, actualizada y completamente fiable. No se ofrecen garantías de ningún tipo, ni expresas ni implícitas.

Los lectores reconocen que el autor no se dedica a prestar asesoramiento legal, financiero, sanitario, médico o profesional. Al leer este documento, el lector acepta que bajo ninguna circunstancia somos responsables de cualquier pérdida, directa o indirecta, que se produzca como resultado del uso de la información contenida en este documento, incluyendo, pero no limitándose a errores, omisiones o inexactitudes.

## Contents

Introducción ..................................................... 8

Día 1: ¿Amplificas la escasez o la abundancia? ................................................... 30

Día 2: El secreto poco conocido para encarnar la realidad de tus sueños aquí y ahora ............... 53

Día 3: El equilibrio energético femenino-masculino y la ciencia de dejar ir para visualizar y atraer ................................................. 72

Día 4: El método de la ingeniería inversa para por fin controlar tu mente y ser poderoso sin limitaciones ................................................. 78

Día 5: Amplifica la visión de tus sueños y alcanza tus metas más rápido cambiando conscientemente tu identidad ........................ 91

Ejercicio extra: ¿Estás bloqueando canales inesperados de dinero, abundancia y amor? 108

Consejo extra: Cómo no visualizar ................ 117

Conclusión ..................................................... 128

Acerca de Elena G. Rivers ........................... 131

Más Libros de Elena G.Rivers en Español .... 133

Echa un vistazo a lo que dicen nuestros lectores internacionales sobre *La visualización desmitificada*:

"El tercer libro de una serie de libros que se centra en la visualización. En primer lugar, este libro no requirió que leyera los otros dos libros para entender el contexto y eso me gustó mucho. En segundo lugar, el libro se enfoca en un elemento de la ley de la atracción: la visualización. Este enfoque me ayudó a aprender una cosa a la vez. Por último, el libro dio pasos muy específicos y procesables. Me gustó mucho la sección de meditación. En general, una lectura corta y excelente. Muy procesable", por Suni de los Estados Unidos.

"Soy nueva en la ley de la atracción y no había hecho ninguna visualización antes de leer este libro, pero ahora lo estoy disfrutando. Es un gran componente dentro de mi caja de herramientas de manifestación. Este es el segundo libro que leo de Elena G. Rivers y buscaré más", por Susan de los Estados Unidos.

"El libro de Elena G. Rivers propone una lectura rápida y agradable. Explica los pasos de la visualización y los cambios que debes hacer al aplicar la ley de la atracción correctamente. El libro está dividido en cinco capítulos. Cada uno de ellos se centra en un día. También hay ejercicios extra, una meditación de relajación muscular, así como preguntas y respuestas que te ayudarán. Pienso que este libro es muy útil y continuaré usándolo para crear conscientemente una mejor versión de mí mismo", por AM Mohammed del Reino Unido.

"A diferencia de muchos otros libros de la ley de la atracción, esta obra lidia con la charla general y las teorías, para mostrarte técnicas específicas y realmente útiles. Muy recomendado", por Jeff de Canadá.

"Me gustó cómo la autora enfatizó el hecho de que manifestar no supone una solución rápida, sino un desarrollo personal profundo y la repetición de la atención plena, trabajando tus músculos emocionales y espirituales, centrándote en la felicidad y el amor propio. Estoy deseando practicar lo que Elena sugiere y ver cómo florece mi vida", por Nicca de Australia.

"Otra gran obra de Elena. Este libro aclara el proceso exacto que uno puede seguir para visualizar la creación de una vida increíble. El enfoque paso a paso es exactamente lo que todo el mundo necesita al comenzar la visualización. El "estilo Elena" de usar experiencias personales e historias para explicar el proceso, es algo con lo que todos pueden sentirse identificados. La meditación de relajación muscular es algo que todo el mundo necesita en estos momentos. En general, un libro excelente y bien formulado que recomiendo a todos los practicantes de la ley de la atracción", por un cliente de Amazon de la India.

# Introducción

¿Estás listo para dominar un simple proceso de visualización para finalmente manifestar tus deseos con alegría y facilidad, mientras te sientes más relajado en el proceso?

¿Te gustaría crear una rutina de manifestación simple, para que puedas sumergirte en lo más profundo de tu ser, deshacerte de tus miedos y energías negativas, y permitir que tus sueños se hagan realidad?

¿Sientes que estás demasiado ocupado para tener que aplicar las prácticas espirituales y de desarrollo personal que tienden a ser demasiado complicadas, y buscas un sistema de visualización holístico y sencillo de entender que realmente funcione?

Si has respondido afirmativamente al menos a una de las preguntas anteriores, entonces este libro es el complemento perfecto para las respuestas que has estado buscando.

¿La buena noticia? Este sistema de visualización simple pero altamente efectivo, funciona. Incluso si no eres una persona visual. Esto se debe a que consta de diferentes capas y técnicas que puedes escoger, dependiendo de tus sentimientos e intuición internos.

Así que no te preocupes si nunca has visualizado antes, o si has intentado visualizar, pero nunca lo has utilizado como una herramienta para manifestar. He escrito este libro con dos avatares de lectores en mente: para principiantes de la ley de la atracción y la visualización, así como para manifestantes avanzados que nunca dejan de aprender.

Por lo tanto, incluso si ya tienes tu propio sistema de visualización, este libro te ofrecerá algunas nuevas ideas y respuestas que puedes haber estado buscando con anterioridad.

Cada capítulo de este libro se apoya en el capítulo anterior, lo que permitirá que tu "músculo de la visualización" se desarrolle paso a paso, así que respira profundamente y disfruta llenando tu mente de información positiva.

Este libro es perfecto para las personas con almas curiosas y ambiciosas, que aman acercarse a su verdadero y auténtico yo, mientras abrazan lo que realmente son y manifiestan la realidad de sus sueños desde un lugar de amor y abundancia. También es beneficioso para ti si tienes un sueño o una pasión por la que has estado trabajando, ¡porque hará tu viaje mucho más fácil!

También debo mencionar para quienes no es este libro, lo que siempre significa un reto para mí. Pero esto es lo que mi yo superior me pide que haga. Verás, mi intención es que la gente se beneficie de este libro y lo utilice durante años. Sin embargo, puede que no todo el mundo esté preparado para esta información.

Por lo tanto, lo mencionaré aquí al principio (tal como lo he especificado en la descripción de este libro). Este libro no es para personas que buscan soluciones rápidas y ganancias instantáneas de la lotería. En otras palabras, no es para personas que no quieran hacer el trabajo interno.

La visualización no consiste en sentarse y esperar a que ocurra algo. Y la ley de la atracción es mucho más que simplemente ganar la lotería o buscar formas rápidas de conseguir grandes cantidades de dinero, sin añadir ningún valor al mundo a largo plazo.

La mentalidad de "manifestaciones instantáneas y superficiales" a menudo refleja la corriente principal de la ley de la atracción, y funciona muy bien para aquellos que venden promesas vacías con bombos y platillos. *Sí, gana la lotería en 7 segundos o menos. No necesitas transformar tu energía ni tu mentalidad, ¡solo tienes que comprar mi sistema!*

Así que, esto es lo que pienso sobre la ley de la atracción y la manifestación, así como la gestión de tus expectativas. Un marco ético es fundamental para mí.

Sí, definitivamente podría vender muchos más libros prometiéndote el mundo, pero en su lugar, prefiero compartir la verdad, porque te ayudará a cambiar todas las áreas de tu vida para mejor y te enriquecerá a largo plazo.

Para mí, la ley de la atracción y trabajar en tu capacidad de manifestar es un equivalente al desarrollo personal en profundidad y a la repetición consciente. Es muy similar a ir al gimnasio y nutrir tu cuerpo con una dieta saludable.

Sin embargo, en el mundo de la dieta y el *fitness*, también hay muchos programas de atajos, libros y píldoras y éstos siempre atraen a las personas que buscan soluciones rápidas y a corto plazo (a decir verdad, la mayoría de las veces, ni siquiera consiguen esa solución rápida que han estado buscando desesperadamente durante años).

Pero al final, los que realmente tienen éxito con la salud y la forma física son los que cuidan de sus cuerpos, consiguen lo básico (buen sueño, dieta y ejercicio), y realmente disfrutan de vivir un estilo de vida saludable.

Cuando se trata de la ley de la atracción y la manifestación, todo lo que se busca es trabajar en nuestros músculos emocionales y espirituales. Algunos días requerirán un trabajo profundo para hacer esos músculos más fuertes y grandes, y algunos días serán simplemente días de descanso. Pero incluso durante los días de descanso y recuperación, tus músculos de manifestación estarán creciendo y beneficiándose del trabajo que has aplicado previamente.

Veo a la ley de la atracción como una modalidad de desarrollo personal, espiritual y de curación. Como tal, es muy abundante en diferentes herramientas para ayudarte a profundizar, para que puedas mejorar tu mentalidad y energía. En otras palabras, puedes descubrir quién eres realmente. Acoge tu autenticidad, y a partir de ahí, emprende acciones significativas e inspiradas.

Cuanto más profundo vayas y te despojes de más capas artificiales, más fácil te resultará manifestar la realidad de tus sueños. Además, las personas que se inician en la ley de la atracción pueden no saber qué es lo que realmente les conviene, o cuáles son sus verdaderos deseos, ya que aún están operando desde paradigmas impuestos por la sociedad.

Por ejemplo, una persona cuyos padres dirigen una empresa de contabilidad, puede pensar que quiere manifestar un título universitario y luego una carrera de contabilidad exitosa, porque esto es lo que hace todo el mundo a su alrededor y es lo que sus padres quieren que haga. Y, por supuesto, si realmente quieren trabajar en contabilidad, ¡qué bien! Manifestar ese objetivo será auténtico para ellos.

A mi contable, por ejemplo, le apasiona llevar su negocio de contabilidad y ayudar a los pequeños empresarios a ahorrar tiempo para que puedan centrarse en lo que les apasiona de sus empresas.

Y sí, ¡le encantan los números, la contabilidad, los impuestos y todo eso! Disfruta siendo una experta en este campo para ayudar a la gente que le apasiona ayudar. Su trabajo es significativo para ella.

Fue su propia elección convertirse en contadora y comenzar su propia empresa de contabilidad porque vio un nicho en el mercado que quería servir. Por lo tanto, lo que hace está muy alineado para ella, y estoy increíblemente agradecida por su servicio. También porque ahora sé que todo mi papeleo y trabajo de impuestos se abordan a tiempo.

Pero, ¿qué pasa si una persona no se dedica a la contabilidad y quiere dedicarse a otra cosa? Quizás quiera abrir su propio salón de belleza. Pues bien, como el viejo paradigma les dice: *oye, sé contable como todos los de tu familia y haz que todos te quieran por ello*, se centran en manifestar el éxito y una meta que ni siquiera es suya.

Seré un poco repetitiva con la siguiente afirmación: la ley de la atracción funciona si la usas para manifestar tus propias metas, ¡no las de otros!

Creo que la mayoría de la gente debe centrarse en la alineación y el desarrollo personal en primer lugar para aprender cuáles son sus verdaderos deseos *(de lo contrario, van a luchar contra la ley de la atracción, al igual que yo solía hacerlo en mi "vida anterior")*.

Al mismo tiempo, algunas personas piensan que adquirir una gran suma de dinero rápidamente, por ejemplo, un millón de dólares; resolverá todos sus problemas.

Una de mis conocidas manifestó casi un millón de dólares ganando la lotería en su país, pero apenas si resolvió algo. Verás, estaba manifestando desde un lugar de carencia y buscando una solución rápida para sentirse mejor consigo misma (y que todos sus amigos la amaran por su dinero, no por lo que realmente era).

En primer lugar, no estaba acostumbrada a manejar grandes cantidades de dinero.

*Todo empieza con la energía y con no tener miedo a tener dinero. La buena energía y los sentimientos hacia el dinero conducen al movimiento, que consiste en aprender información práctica sobre cómo gestionar el dinero o contratar a buenos expertos en dinero (contables, estrategas fiscales y otros especialistas, etc.).*

Aunque pudo ganar la lotería, al sintonizar con la frecuencia del dinero, su estado no era algo que pudiera mantener. Fue una victoria a corto plazo, y las consecuencias negativas comenzaron a manifestarse en su realidad física. En palabras del desarrollo personal y la psicología: ella autosaboteó su éxito.

Por ejemplo, no entendía cómo funcionaba la cuestión impositiva y no le apetecía consultar a un profesional del sector fiscal, hasta que se enfrentó a una multa.

Se sorprendió de que los impuestos personales sobre sus ingresos le quitaran mucho dinero. No tenía ni idea porque antes de ganar la lotería, trabajaba en un empleo con salario mínimo y su empleador pagaba los impuestos por ella.

Así que asumió automáticamente que, si de repente ganas una gran cantidad de dinero jugando a la lotería, te lo quedas todo para ti. Ello porque estaba pensando y actuando desde su antigua energía y mentalidad.

*Así que comenzó a quejarse. Y cuanto más te quejas, más negatividad atraes, de modo que tienes más cosas de las que quejarte. Así es como funciona el universo.*

Al mismo tiempo, la mayoría de sus amigos y familiares seguían pidiéndole que les comprara cosas porque asumían que era su deber.

Tenía miedo al rechazo, así que se sentía bien al tener dinero para invitar a sus amigos a salir y ser la reina de todas las fiestas. Pero en el fondo, se sentía muy vacía y deprimida. El dinero desaparecía.

Al cabo de un año, se dio cuenta de que tenía que hacer algo, ya que se estaba quedando sin dinero. Así es que decidió realizar inversiones para seguir generando dividendos. Fue entonces que un mal negocio realizado en favor de un personaje sospechoso (sin previa investigación sobre la oportunidad), le hizo perder su dinero y acabó endeudada por su caro estilo de vida.

En resumen, tres años después de ganar la lotería, estaba más o menos en la misma situación que tenía antes de ganar: la misma mentalidad, vibración, energía y habilidades.

Después de todo, adquirió una creencia limitante de que el dinero es malo, debido a su experiencia tóxica.

Por suerte, ahora se está curando y recuperando, centrándose en manifestar primero la felicidad, el amor propio y la autenticidad. También está aprendiendo sobre el dinero y la gestión del mismo, para estar totalmente preparada para la abundancia y poder mantenerla mientras prospera en todas las áreas de su vida.

Otra persona que tuve la bendición de conocer, decidió tomar un camino diferente. En lugar de obsesionarse con ganar un millón de dólares en la lotería y no estar segura de cómo manejarlo después, trabajó en su mentalidad, energía, vibración y habilidades desde el principio.

Su primera inversión en sí misma fue aprender sobre el desarrollo personal, *coaching* de vida y mentalidad. Mientras aprendía, también conoció a diferentes personas, muchas de las cuales le resultaron muy inspiradoras y compartían muchos valores con ella. Los nuevos amigos hicieron que su viaje fuera mucho más divertido y agradable.

Entonces comenzó un negocio paralelo, entrenando a la gente después de su trabajo de 9 a 5 o durante los fines de semana. Eso significaba que tenía que dejar de salir con algunos viejos amigos que solo querían beber después del trabajo, quejarse y tratar de esperar ganar la lotería, o casarse con un multimillonario.

*El universo ama a las personas que son proactivas e irradian la energía de la abundancia incluso antes de recibirla. Al llenar tu mente con información positiva y pasar la mayor parte de tu tiempo con personas que están en la misma vibración, te alineas automáticamente con el poder superior que te cubre la espalda.*

Ella visualizó intensamente su meta un paso a la vez, buscando la guía de su ser superior, mientras aprendía e invertía en sí misma para convertirse en una persona que pudiera ofrecer un servicio de calidad al mundo.

Cuando se dio cuenta de que su negocio paralelo ganaba tanto como su trabajo de 9 a 5, dejó su trabajo para convertirse en una *coach* a tiempo completo y creció a partir de ahí.

Cada año, visualizaba un impacto más significativo, personas a las que ayudaría y una meta de dinero para ella y su negocio. En otras palabras, se movía en lo que me gusta llamar su escalera de visualización, paso a paso.

Hoy en día dirige una exitosa compañía de coaching con ganancias de 7 cifras, viviendo una vida no solo de libertad, éxito y abundancia, sino también de alegría, realización y felicidad. Le encanta crear productos y servicios que ayudan a la gente a vivir una vida mejor.

Además, ella fue manifestando su gran visión de un millón de dólares, paso a paso. Cada paso tenía un proceso de visualización diferente que ella fue actualizando a medida que mejoraba su mentalidad, energía, vibración y habilidades (para poder ofrecer un servicio de gran valor al mundo y manifestar abundancia de esa manera).

Ahora, aunque perdiera todo su dinero, con su mentalidad, energía, vibración y habilidades; sería capaz de reconstruirse razonablemente rápido, sin contar desesperadamente con algunas soluciones rápidas.

Otra observación que vale la pena subrayar es que la mayoría de la gente malinterpreta el propósito de la visualización.

La visualización por sí sola no te dejará mucho (si es que te deja algo). Para tener éxito con la visualización, tienes que recordar que solo es una herramienta que puedes utilizar para dejar de lado tu ego y tus pensamientos excesivos, de modo que puedas experimentar la realidad de tus sueños en el momento presente y sentirte como la nueva versión 2.0 de ti mismo.

Hay una diferencia entre tu gran visión y los pasos separados que te acercan a ella.

Uno de mis mentores siempre decía: *"Siempre que hagas algo, tienes que saber el por qué y el para qué"*.

Así, tu *por qué*, es tu gran visión, y el *para qué* son los diferentes pequeños pasos que te llevan a ella.

La visualización es una herramienta fantástica que puede ayudarte a darte cuenta de los pasos que tienes que dar, para que puedas entrar literalmente en esa nueva visión, y actuar desde un paradigma diferente.

De lo contrario, estarás haciendo cosas sin sentido, solo por hacerlas. Sí, esta semana es la visualización, y la próxima algún otro método realizado de manera superficial.

Atraes lo que eres, no lo que quieres. Herramientas como la visualización pueden ayudarte a alinear tu energía con tu realidad ideal para que puedas manifestarla en el mundo físico.

Entender esta sencilla pieza del rompecabezas te ayudará a hacer cualquier cosa a partir de una nueva energía. Y también existen muchos beneficios de la visualización que seguramente te motivarán a seguir adelante.

Lo he comentado con un amigo mío que es coach de alto rendimiento. ¡Siempre dice que la ley de la atracción es una gran locura!

Nunca le interesó la manifestación hasta que me conoció y empecé a compartir con él mi interpretación de la ley de la atracción, la mentalidad y el trabajo energético. Bueno, él todavía no está involucrado en cuestiones relacionadas a la curación de energía, pero disfruta de mis enseñanzas sobre la mentalidad.

También compartimos nuestras experiencias con la visualización, y me dijo que enseña cosas muy similares a sus clientes (como atletas, personas de alto rendimiento, hombres de negocios, directores generales y ejecutivos).

Estuvimos de acuerdo en los principales beneficios de la visualización (incluso si una persona no está versada en la ley de la atracción, el trabajo de la energía, o la manifestación):

- Mejora de la relajación y la paz mental.
- Capacidad de aumentar la energía de forma natural, casi a pedido.
- Mejora de la productividad y la comunicación.

No se trata solo de manifestar la realidad de tus sueños rápidamente. Aunque soy bastante optimista, lo manifestarás siempre que los objetivos en los que trabajes sean realmente tuyos y seas auténtico. Lo que también resulta emocionante es tu desarrollo personal holístico.

¿No sería genial contar con una herramienta con la que eres libre de practicar y que puede ayudarte a pensar mejor, trabajar mejor, comunicarte mejor, dormir mejor e incluso comer mejor? *(Yo utilizo la visualización para seguir una dieta saludable, ¡y vaya que si funciona!).*

Así que, aunque tu objetivo sea grande y tu viaje sea largo; manifestar el viaje también puede ser divertido, porque es éste el que elevará permanentemente tu vibración, cambiará tu mentalidad y te dará nuevas habilidades.

Algunas personas tratan de visualizar para manipular su realidad por desesperación (y por eso visualizan la lotería como si fuera la única manera, mientras cortan otras posibilidades), y hacen algunas proyecciones a corto plazo.

Sin embargo, las personas exitosas y ricas no piensan así. Ellas visualizan a largo plazo. Lo mismo ocurre con las personas sanas: se centran en un estilo de vida saludable, no en una dieta rápida para perder peso rápidamente (y luego volver a ganarlo). En otras palabras, las personas con éxito buscan transformaciones y oportunidades a largo plazo para mejorar su imagen personal, su energía, su mentalidad y sus habilidades. Las personas de éxito nunca dejan de aprender.

Si eres un alma curiosa y ambiciosa con una mente abierta, estoy seguro de que esta publicación te resultará útil y la utilizarás durante años.

La verdadera diversión comienza cuando te das cuenta de que realmente funciona si lo haces funcionar, y así sigues actualizando tu visión porque lo que deseabas hace unos meses o años, es ahora tu realidad cotidiana. Pues bien, nunca dejes de estar agradecido por lo que ya tienes, y al mismo tiempo sigue elongando y fortaleciendo tu músculo de la manifestación y la visualización. Sigue expandiéndote.

Lo que aprendas siempre será tuyo. Esto es lo que he descubierto de mis antepasados, que lo perdieron todo durante la Segunda Guerra Mundial.

Tuvieron que reconstruirse en otro país. Siempre me decían: *Sí, puedes perder las posesiones materiales, pero nunca puedes perder tu mentalidad, tu dignidad y tus habilidades.*

Así que, si estás preparado para pensar a largo plazo y manifestar una vida extraordinaria mientras vives en paz, abundancia y armonía; ¡que comience el viaje!

El proceso de este libro funcionará si lo haces funcionar y si los objetivos son realmente tuyos. Sin embargo, incluso si te sientes confundido en este momento y no tienes idea de qué camino tomar, la visualización puede ayudarte a profundizar.

Con la visualización, puedes descubrir quién eres, de modo que puedas ganar claridad y luego enfocarte en manifestarlo en tu realidad física.

Así que, de cualquier manera, estás listo para comenzar. No puedes fracasar: o tienes éxito, o aprendes. Incluso si te lleva más tiempo manifestar tu visión, estarás adquiriendo habilidades extraordinarias mientras cambias permanentemente tu vibración. Tu tiempo, esfuerzo e inversión no serán en vano.

Lo ideal es que te tomes 5 días, máximo una semana para leer este libro y aplicar su contenido. Cada capítulo está diseñado para un día, y cada capítulo se apoya en el anterior.

Es importante que sientas que tu energía y tu mentalidad se expanden a medida que lees este libro y haces los ejercicios, así que si te tomas demasiados descansos entre cada capítulo, el sistema puede no ser tan efectivo.

Si te encuentras con que te tomas unos días de descanso entre los capítulos, te recomiendo que empieces de nuevo desde el principio para que puedas permitir que tu energía positiva se reconstruya de nuevo.

También puedes leer el libro de una sola vez si lo prefieres (no deberías tardar más de 2 horas, ya que este libro está diseñado para ser una lectura corta).

La parte más importante del proceso (aparte de esta introducción, que está diseñada para ayudarte a gestionar tus expectativas y abordar el proceso con la mentalidad y la energía adecuadas), es el capítulo 1, que también es el más largo.

Los capítulos siguientes tienen como objetivo ayudarte a enriquecer tu proceso de visualización, evitar los errores más comunes y crear tu propio sistema de visualización que puedas utilizar con éxito durante años.

Antes de empezar a visualizar cualquier cosa, asegúrate de visualizar a través de tus propios ojos. No te visualices desde la tercera persona, como si te estuvieras viendo en una película.

Querrás ver la realidad de tus sueños a través de tus ojos y perspectiva, o en otras palabras, desde la "perspectiva en primera persona" para poder experimentarla como tú mismo.

## Día 1: ¿Amplificas la escasez o la abundancia?

La lección número uno a tener en cuenta es que visualizamos experimentar la realidad de nuestros sueños en abundancia. No visualizamos amplificando la escasez. Se trata de estar en contacto con tu estado emocional, mental y energético, no tanto de cuánto dinero o éxito has acumulado.

Por ejemplo, he conocido a algunas personas ricas que todavía se sienten muy pobres, y su vibración es muy baja. Así que, aunque hayan manifestado dinero, no pueden disfrutar de la abundancia y la vibración en otras áreas de su vida.

Al mismo tiempo, también encontrarás personas ricas y prósperas que siguen aumentando su salud, riqueza y felicidad, porque establecen metas y manifiestan desde un estado emocional de alta vibración.

Entonces, esto debería responder a la pregunta común que la gente hace: *"Oh, pero si una persona ya es exitosa, ¿no lo tendrá automáticamente más fácil para manifestar más?"*

La respuesta es, bueno, depende de su estado. Para ilustrar, tu estado mental o tu cuenta bancaria emocional no es equivalente a tu cuenta bancaria física.

Conozco personas que son muy ricas, pero siempre se centran en lo que aún no tienen y, como resultado, se sienten ansiosos o incluso autosabotean su propio éxito. Por lo tanto, es esencial ser consciente de tu energía y, sea cual sea tu objetivo o sueño, sigue preguntándote:

- ¿Por qué lo quiero? (tu visión a largo plazo)
- ¿Para qué lo quiero? (tu objetivo a corto plazo, o una meta)
- ¿Manifiesto desde un lugar de carencia o de abundancia?
- ¿En qué me concentro?
- ¿Busco manifestar la visión de mis sueños en una realidad física, porque realmente es mi objetivo? ¿O es para obtener la

aprobación de alguien, presumir o demostrar que alguien está equivocado?

¡Siempre buscamos manifestar desde la energía pura, el amor y un estado altamente vibracional!

Ahora, el segundo paso en este proceso es desarrollar un entendimiento profundo entre la visualización de tu visión a largo plazo, y una parte diferente del proceso que conduce a ella.

Digamos que una persona quiere convertirse en un autor de *bestsellers*. Entonces, se sienta todo el día y visualiza su libro *bestseller* escrito, editado y publicado con una insignia de *bestseller* en él, y una tonelada de críticas que muestren aprecio por el libro.

¿Solo esto haría que esta visión se convirtiera en realidad? Por supuesto que no, porque además de la ley de la atracción, también tenemos que aplicar la ley de la acción consciente. La palabra "atracción" contiene también la palabra "acción".

El proceso es vital para acercarte a tus objetivos, y visualizarlo puede ayudarte a aumentar tu motivación e inspiración para mantenerte constante y trabajar alineado con tu gran visión.

Personalmente, me encanta observar a los autores de no ficción y a los líderes de pensamiento que admiro, y utilizar su éxito como mi inspiración a largo plazo. Examino sus porfolios de libros y hago una "captura de pantalla" de su éxito en mi mente, para luego utilizarlo en mi visualización. También lo utilizo para mantenerme en el camino, por ejemplo, cuando tengo un mal día. Me gusta sentarme y visualizar mi objetivo final y recordarme a mí misma que mis deseos ya existen, no solo en el campo cuántico, sino también aquí en nuestra realidad física, ¡porque otras personas pueden lograr algo similar! Así que este es un ejemplo de visualización a largo plazo o de visualización de la meta final.

Sin embargo, una clave a tener en cuenta es tener mucho cuidado de no compararse con otras personas.

Una comparación puede dar lugar a sentimientos negativos, a no sentirse digno del éxito o incluso a los celos. Y ya sabemos que manifestar desde sentimientos negativos no conduce a ninguna circunstancia agradable y no durará.

Otro ejemplo de visión a largo plazo sería lo siguiente:

Una persona quiere convertirse en YouTuber o influencer. Pues bien, pueden crear una lista de personas que ya han conseguido ese objetivo y estudiar su trabajo para inspirarse. También pueden hacer capturas de pantalla mentales de imágenes específicas de su trabajo y su vida, y mediante la visualización, adoptarlas como su propia realidad.

*(Por favor recuerda que quieres manifestar tus sueños a tu manera, así que no cometas el error de intentar ser exactamente igual a otra persona. Después de todo, ¡no quieres ser el clon de nadie!)*

Uno de los beneficios de alinearte con tu visión a largo plazo, es que esta práctica puede darte tus propias respuestas y pasos a seguir, para que puedas crear tu propio proceso.

Luego, puedes idear mini visualizaciones para diferentes procesos o mini objetivos que te acerquen a tu visión.

Una persona que quiere convertirse en YouTuber podría visualizar la escritura de diferentes temas de los que quiere hablar o la investigación de cómo funciona el algoritmo de YouTube o el aprendizaje de cómo editar vídeos.

Visualizar el proceso elimina la resistencia, de modo que cuando te sientas a emprender una acción consciente e inspirada en un nuevo paso, sientes que ya lo has hecho antes, y así el aprendizaje resulta más fácil.

Tu mente ya está familiarizada con cada nuevo paso que dominas y, por lo tanto, no entra la posibilidad de que te sientas ansioso, preocupado o no merecedor del éxito.

Digamos que tienes una meta, tu objetivo final es ir de A a E. La visualización del proceso se centra en la inserción de diferentes pasos mientras se libera la resistencia.

Si intentaras ir de A directamente a E, podrías agotarte, agobiarte, sentirte ansioso o manifestar algo que no dura (como la persona mencionada en la introducción).

Alguien que tiene la idea de convertirse en un orador inspirador puede querer empezar a subir vídeos motivacionales a YouTube para dar a conocer su nombre. Empezar es el punto A.

Ahora, digamos que el punto E para ellos es ganarse bien la vida como orador inspirador, tal vez lanzar unos cuantos libros o programas, tener clientes de coaching, y actuaciones internacionales como oradores.

Si insisten en ir de A directamente a E, podrían:

- Acabar comparándose con otras personas ("ellos pueden hacerlo porque tienen un gran canal de YouTube, yo no soy nadie, ¡supongo que esto no es para mí!")
- Sentirse abrumados ("es demasiado trabajo, ahora no tengo tiempo")
- Sentirse molestos cuando algún *troll* o una persona negativa deje un comentario

desagradable ("¡probablemente no soy lo suficientemente bueno!").

Sin embargo, visualizar el proceso te ayudará a mantenerte enfocado en cada paso que des, lo cual te hará una persona más fuerte, un mejor manifestante y un verdadero líder de tu destino.

También vale la pena mencionar que necesitas coherencia (creada al visualizar los pasos del proceso, uno por uno), de lo contrario solo soñarás despierto. En otras palabras, los pensamientos fluidos no se materializarán en una realidad tangible.

A medida que visualices el proceso, obtendrás algunos datos fascinantes como:

- Creencias limitantes que quizá quieras reformular en positivas (por ejemplo: *"No soy bueno frente a la cámara"* puede convertirse en: *"Cada vídeo que hago me convierte en un mejor comunicador y también gano más confianza, ¡me encanta el proceso!"*)
- Personas y circunstancias del pasado que pueden estar frenando tu avance (por

ejemplo, aquella presentación en clase de quinto grado, cuando alguien te dijo algo malo, y ahora te están recordando que debes dejarlo pasar para poder centrarte en tu nueva carrera como orador motivacional).

- El siguiente paso a dar, o una idea súbita para comprar un libro o un programa que puede ayudarte a aprender el siguiente paso.

Todo es como un pequeño sistema coherente y holístico donde tus acciones, pensamientos, sentimientos y emociones están alineados. También se trata de deshacerse de las viejas hierbas malas que te impiden crecer y expandirte.

La acción se lleva a cabo, tanto en nuestra mente a través de la visualización, como físicamente. Es consciente, inspirada y totalmente alineada con tu visión.

Puedes moverte con confianza, sabiendo que cada día te acercas más a la realidad de tus sueños y te conviertes en la nueva y más empoderada versión 2.0 de ti mismo. Ni siquiera tienes que intentar fingir. ¡Simplemente lo eres! Una vez más, como podemos ver, se requiere algo de acción. La ley de la atracción funciona si tú la haces funcionar.

Ahora, voy a añadir que los milagros también ocurren, y yo creo en los milagros. Siempre recomiendo a mis lectores que estén abiertos a los milagros y a las manifestaciones positivas inesperadas. Sin embargo, al mismo tiempo, posean una visión a largo plazo y tengan a mano su pequeña hoja de ruta de manifestación que les permita tomar acciones significativas e inspiradas paso a paso.

Desde mi experiencia personal, comencé a manifestar milagros en mi vida una vez que empecé a tomar acciones inspiradas. Fue como si el universo me hubiera dicho que había pasado la prueba y me abriera una nueva puerta.

Así que sí, los milagros pueden ocurrir, y te recomiendo encarecidamente que te mantengas abierto a ellos visualizando el proceso y tomando acciones inspiradas sobre la marcha. Es increíble lo que puede hacer por tu vibración y tu felicidad general.

Algunos milagros pueden parecer bastante aleatorios. He sido testigo de ellos muchas veces, sobre todo en talleres de Reiki y trabajo energético o de sanación profunda. A menudo tienen lugar cuando una persona experimenta un gran cambio de frecuencia.

En resumen, la mayoría de las veces manifiesto combinando acción y atracción. Para mí, ésto configura el proceso más efectivo como así también predecible (si una persona está dispuesta a trabajarlo y en lo posible practicarlo varias veces).

Conozco a personas que sueñan despiertas con hacerse millonarias, pero no tienen ninguna meta. Quieren ir directamente de la A a la Z y no les importa el proceso.

Hay una gran diferencia entre soñar despierto al azar y visualizar de forma consistente. No me malinterpretes: no hay nada malo en soñar despierto. Puede hacerte sentir bien y es definitivamente mucho, mucho mejor que pensar en cosas negativas. Sin embargo, la visualización es mucho más que soñar despierto porque implica automáticamente que hay algún tipo de visión involucrada.

Ahora, una pregunta que me hacen muy a menudo es: *"¿Qué hago si no funciona, y pierdo mi tiempo en visualizar y posiblemente manifestar las cosas que no quería de todos modos?"*

Bueno, lo he tocado brevemente en la introducción. Lo bueno es que no puedes fracasar, o tienes éxito o aprendes. Si no tienes una visión clara de lo que quieres manifestar, puedes usar la visualización como una herramienta que eventualmente te ayudará a encontrarlo. La forma en que yo lo veo es que no puedes fallar porque, eventualmente, encontrarás tu verdadera visión.

Para animarte (si esto fuera necesario), personalmente tuve que pasar por el proceso que enseño en este libro varias veces antes de empezar a manifestar la realidad de mis sueños.

De hecho, es gracias a lo que la mayoría de la gente etiquetaría como "fracasos" que pude finalmente encontrar mi camino y también desarrollar el sistema de visualización que puedo compartir contigo hoy.

Así que te recomiendo encarecidamente que sueltes todas esas creencias negativas porque no hay nada que puedas perder aquí. ¡Saldrás más fuerte, más sabio y más feliz!

No puedo prometerte el mundo de las manifestaciones instantáneas, aunque estas pueden tener lugar si ya tienes muy claro lo que quieres. Si todavía no tienes muy clara tu visión, bueno, ¡yo estaba en el mismo lugar! Por suerte, gracias al trabajo mental interno, ¡encontré mi camino mucho más rápido!

Verás, antes dirigía una pequeña agencia de marketing, y no me apasionaba; así que estaba experimentando con otros negocios, lo cual era como un escape de mi verdadera vocación y pasión. En otras palabras, siempre manifestaba el mismo patrón: perseguir el éxito y metas que ni siquiera eran mías para manifestar dinero, para luego sentirme merecedora de la abundancia y demostrar a los demás que estaban equivocados.

Al principio, visualizaba desde un lugar de ego, probando las diferentes oportunidades de negocio que todos a mi alrededor estaban llevando a cabo.

Actuaba desde una mentalidad de escasez, y quería demostrar a mi familia y amigos que podía ganarme la vida a mi manera.

Anteriormente, había renunciado a un trabajo bien remunerado para dirigir mi propio negocio, y me sirvió como vehículo para manifestar una abundancia financiera a corto plazo que se terminó transformando en agotamiento.

Pero ahora estoy agradecida. Probé todas las oportunidades que no funcionaron, o que sí funcionaron pero únicamente a corto plazo. Mientras tomaba acción (tanto mentalmente a través de la visualización, como físicamente probando diferentes emprendimientos), la voz de mi intuición era cada vez más fuerte. Me decía que me aventurara a lo desconocido, que me convirtiera en una autora y que inspirara a tanta gente como pudiera.

La idea era fluida, era solo un pensamiento. Sabía que tenía algunas habilidades para el trabajo on line, pero escribir libros representaba todo un reto. A su vez, me di cuenta de que necesitaba el valor para aprender, crecer y expandirme.

Me dije que sería la última vez que intentaría esto de la visualización. Y funcionó porque, finalmente, me centré en mi verdadero objetivo, el cual estaba basado en el amor, algo que me apasionaba conseguir.

Sabía que quería convertirme en autora, elevar a la gente a través de mi contenido, seguir a mi corazón, ser auténtica...

Antes me pagaban los influencers para crear contenido en las redes sociales. Aunque tuve la suerte de conocer a algunos líderes increíbles y ayudarles a difundir su mensaje único, no todos mis clientes estaban totalmente alineados con mis valores reales.

Por ejemplo, algunos clientes influencers que atraje en ese momento, actuaban desde un lugar de ego, el contenido que querían parecía muy superficial o incluso falso. Algunos incluso pedían contenidos que yo consideraba manipuladores.

Por supuesto, ahora asumo la responsabilidad de atraer a personas con las que no disfrutaba trabajando, porque en ese momento, no estaba viviendo en alineación y no era fiel a mí misma. No es de extrañar que manifestara personas que tampoco eran auténticas.

Así que no disfrutaba dirigiendo ese servicio. Me hacía sentir desequilibrada. Aunque me pagaban bien, no era para mí.

Sabía qué convertirme en escritora y crear mi contenido auténtico a través de los libros, uno que perdurara y creara un legado, era en lo que quería centrarme de lleno. No obstante, todo el mundo a mi alrededor me decía que no podría conseguirlo, incluso algunas personas simplemente se reían de mi sueño.

A pesar de ello, seguí visualizando mi objetivo todos los días (por la mañana, por la noche y siempre que necesitaba energía o motivación extra), y pude sentir que mi visión se estaba convirtiendo en mi realidad.

Seguía recibiendo descargas de mi Yo superior, y estas descargas contenían instrucciones específicas sobre lo que debía comprobar e investigar. A veces me despertaba en medio de la noche, inspirada para hacer una investigación en Google sobre un tema en particular que me venía a la mente. Era alucinante. Después de cada descarga, siempre tomaba medidas inspiradas.

Aprendí a escuchar mi voz interior.

A través de mi investigación, conocí a muchos autores de éxito que me inspiraron. Algunos de ellos aceptaron ser mis mentores. A partir de ahí, gracias a la visualización diaria, se me presentaban más pasos increíbles que podía seguir. De repente, podía moverme y manifestar con confianza.

Visualicé el objetivo final (lo que todavía hago): ser una autora serial de innumerables libros de autoayuda, incluyendo la ley de la atracción, la autoimagen y otros temas que me apasionan y en los que tengo conocimientos y experiencia. Visualicé y sentí la gratitud de mis queridos lectores (¡como tú!).

De repente no existía el bloqueo del escritor del que todo el mundo hablaba. Además, aunque trabajaba duro, no lo sentía como un trabajo duro. Lo sentía como un *trabajo de afluencia*.

Cada libro que escribo se visualiza primero a través de mi proceso de visualización. Por ejemplo: esta semana visualizo la escritura y la edición de este capítulo. Visualizo que atraigo al editor y corrector perfecto para este libro, una persona que pueda curarlo de verdad.

Pero cada vez que encuentro un obstáculo, por ejemplo alguien que me envía un correo electrónico desagradable (sí, algunas personas están en un lugar negativo), visualizo el objetivo final y pienso en todos los autores exitosos que admiro tanto, muchos de los cuales dejaron un legado increíble para el mundo.

Inmediatamente elevo mi vibración y mi frecuencia aumenta por encima de la negatividad. Por lo tanto, ya no soy reactiva a los comentarios u observaciones negativas. En todo caso, me siento proactiva y ellos me inspiran para seguir haciendo mi trabajo de forma consciente, para ayudar a elevar la vibración del planeta, a la vez que se reduce la negatividad que la gente pueda sentir. ¡Es como formar parte de algo más grande y canalizar un propósito divino!

*Para que este objetivo final sea emocionante utilizo todos mis sentidos y, veo, huelo y oigo la playa en donde celebro el lanzamiento de mis nuevos libros y me tomo un descanso de las largas sesiones de escritura. Allí puedo sentir la arena bajo mis pies descalzos.*

*Luego, también visualizo que respondo a los correos electrónicos de mis lectores o de los autores, líderes y blogueros con los que trabajo mientras disfruto de una buena taza de café o un batido y escucho el sonido del océano. Visualizo los colores en el balcón desde el que estoy trabajando y la vista exacta que puedo admirar.*

Así que ahora te toca a ti. Adapta mi proceso a tu visión y tus objetivos.

El proceso que compartí en este capítulo funciona muy bien para mí, y para muchos otros que lo utilizan, siempre y cuando sus metas e intenciones sean puras y verdaderamente suyas.

Es necesario ir paso a paso. Si es demasiado exagerado, las probabilidades de manifestarlo rápidamente disminuyen porque tu mente no creerá que es posible (me extenderé más sobre esto en los capítulos siguientes).

La visualización es una herramienta que te ayuda a ampliar tu mentalidad y tus emociones para que tu objetivo te resulte familiar, de modo que cambies tu autoimagen y pases a la acción desde un nuevo paradigma.

Pregúntate: *¿estás visualizando para conseguir algo rápido porque tienes carencias? ¿O estás visualizando para experimentar y disfrutar?*

Empieza por tu gran objetivo y regálate el regalo de visualizarlo. Cierra los ojos, respira profundamente y date tiempo para ver y sentir todos los detalles.

Recuerda que debes visualizar todo como tú mismo, a través de tus ojos. Ve tus manos, tus pies, tu reflejo en el espejo, tus amigos, tu casa, tu trabajo y tu cuenta bancaria. Sigue ampliando esa visión y añadiendo más y más capas a ella. No te preocupes por "el cómo".

El cómo se irá desarrollando a medida que empieces a visualizar el proceso. No obstante, si todavía no estás muy seguro del proceso, o necesitas más claridad en tu visión, céntrate en la visualización del gran objetivo.

Sé creativo e involucra por completo a tu cuerpo, mente y alma. Por ejemplo, digamos que tu gran visión es tener un cuerpo sano y en forma. Podrías empezar a visualizarte mirándote al espejo. *¿Cómo te ves y qué sientes? Luego, ¿qué haces? ¿Vas al gimnasio por la mañana? ¿Tal vez tengas un entrenador personal? ¿Qué comes y en dónde compras?*

Por último, involucra diferentes áreas de tu vida. Por ejemplo, *¿cómo se traduce tu cuerpo sano en tus niveles de energía en el trabajo?*

*¿Y cómo se traduce tu estilo de vida saludable en tu vida social? ¿Con qué tipo de personas sueles salir?*

Del mismo modo, si tu objetivo es manifestar la libertad financiera, empieza a visualizarte viviendo tu estilo de vida ideal, pero al mismo tiempo incorpora otras áreas de la vida a tu visión.

Cuando lo tengas claro, podrás empezar a visualizar el proceso: ese es el siguiente paso que debes dar para acercarte a tu visión. ¿Quizás sea apuntarse a clases de pilates tres veces por semana? ¿O invertir en ese curso de Forex por el que sientes curiosidad?

Yo la llamo la rutina de estiramiento de la mentalidad. Hazla todas las mañanas y las noches para recordarte que tu gran visión está a salvo, y que tu ser superior ya está viviendo en abundancia y enviándote instrucciones a seguir.

Visualizar tu sueño con regularidad y añadirle diferentes capas emocionales supone un fantástico estiramiento de la mentalidad, y te convertirá en una persona nueva. Alguien que sabe cuál es el siguiente paso a seguir y que avanza con claridad y confianza.

Uno de mis mentores empresariales siempre decía que si quieres ampliar tu negocio, primero tienes que ampliar tu mentalidad.

Esa frase se me quedó grabada, e incluso añadiría: ¡estira tus emociones, sentimientos y campo energético!

Salva la brecha entre tu nuevo Yo y tu Yo actual mediante la visualización del proceso.

Una vez más, el proceso correcto vendrá cuando visualices tu objetivo final, y ese objetivo sea realmente tuyo. Para que eso ocurra, necesitas la unidad del corazón y la mente.

Visualiza la meta final para experimentar su vibración en el momento presente. Luego, mantén esa sensación mientras visualizas el proceso y tomas una acción inspirada en él.

Por ejemplo, ahora mismo, mientras escribo; siento la misma vibración que experimento cuando visualizo mi gran meta y sueño, y así mi vibración permanece consistente a lo largo del día. Mis acciones estarán alineadas con ella. Este proceso por sí solo, cuando se hace de forma consistente, ¡realmente puede convertirte en una verdadera máquina de manifestación!

# Día 2: El secreto poco conocido para encarnar la realidad de tus sueños aquí y ahora

Este paso te ayudará a cambiar tu percepción. ¡Es muy poderoso!

Mientras que la lectura de este programa y su aplicación lleva unos días, y estoy segura de que muchas cosas harán clic para ti, la verdadera transformación lleva tiempo.

La razón principal de esto es que la mayoría de las veces, no sabemos lo que no sabemos. La mente consciente representa solo el 5% de nuestra mente total, mientras que el resto opera subconscientemente.

A menos que nos comprometamos con una vida de desarrollo personal y a deshacernos de los patrones y la maleza negativos, probablemente seguiremos funcionando con programas perjudiciales que no estén alineados con nuestra visión.

En otras palabras, todos hemos experimentado algunos traumas o negatividad, o nos hemos expuesto a condicionamientos sociales que nos han hecho pensar de una determinada manera (consciente o inconscientemente).

Una vez más, encontré que la visualización es extremadamente valiosa porque puede ayudarnos a dar cuenta de muchos patrones negativos que nos impiden vivir alineados con nuestra visión.

Por ejemplo, una amiga mía que aspira a ser oradora motivacional, luchó con YouTube durante años. Por lucha lo que quiero decir esto: ella tenía todos los "conocimientos", e incluso contrató a un mentor que era un experto en YouTube. Pero, por alguna razón, nunca fue coherente con sus vídeos. Incluso cuando alcanzaba una meta, como un determinado número de visitas, comentarios o suscriptores, seguía teniendo miedo de continuar. Finalmente, conoció mi proceso de *visualización desmitificada*, y siguió visualizando su visión en detalle.

De repente, empezó a recibir descargas que revelaban claramente una experiencia traumática del pasado, como cuando con 5 años quiso cantar unas canciones a un familiar, y este le dijo groseramente que se callara y que no cantaba bien.

Esa experiencia negativa la hizo vivir con miedo durante tres décadas. Pero, después de darse cuenta de ello, fue capaz de limpiar la energía negativa en torno a este evento del pasado.

Entonces, ¿podrías estar interesado en aprender acerca de cómo limpiar la energía negativa alrededor de alguna persona o evento que te resultó traumático, y que te hace estar atascado en la vieja vibración? Bueno, según mi experiencia, el corte del cordón desde la raíz es una de las formas más efectivas y rápidas de hacerlo.

Incluso si no sabes *el qué, el quién y el cuándo*, y simplemente sientes que alguna energía negativa te está bloqueando, pero no sabes por qué; el corte del cordón desde la raíz también puede ayudarte.

Te recomiendo que empieces a añadir rutinas de corte de cordón a tus visualizaciones, siempre que te sientas atascado o pesado.

Así que, así es como puedes cortar los cordones con las personas, los eventos, las viejas líneas de tiempo, los sentimientos, los objetos, las energías negativas... ¡Cualquier cosa que te aleje de tu visión!

Comienza visualizando al individuo, lugar, evento o sentimiento con el que deseas cortar un cordón. Luego, visualiza unas tijeras para poder cortar el cordón desde la raíz.

*(Por ejemplo, si sientes continuamente un sentimiento negativo, y sigue apareciendo en tus visualizaciones, pero no sabes si fue una persona la que lo causó, o tal vez un evento, puedes visualizar el sentimiento para darle un color, forma o figura y luego cortar el* cordón *con él* desde la raíz).

Empieza por conectar con la energía de lo divino o la fuente de energía. Visualiza el cordón energético que te conecta con la entidad de baja vibración que quieres dejar ir. Siente la energía que esta entidad está tomando de ti. Ahora, establece la intención de soltar y visualízate cortando el cordón entre tú y la entidad negativa, utilizando unas tijeras imaginarias. Visualiza que los cordones energéticos retroceden.

Ahora, siente la recuperación de la energía y agradece a la otra entidad el papel que tuvo en tu vida. Ancla esa sensación de libertad y energía presionando los dedos pulgar e índice juntos.

Para ampliar esta experiencia, puedes elegir decir (o pensar) las siguientes palabras:

*"Ahora libero finalmente todos los cordones energéticos porque ya no me sirven".*

*"Los libero y me libero de estas ataduras".*

*"Todos los cordones son destruidos, a través de todas las dimensiones, tiempos y planos, para no volver jamás".*

*"Ahora destierro estos cordones energéticos y recupero ahora toda la energía que una vez se perdió".*

*"Mi energía fluye de nuevo hacia mí, llenándome una vez más de vitalidad y creando ahora una frontera pacífica y energética de amor y luz".*

Termina con un momento de tranquilidad. Puedes meditar, tumbarte o visualizar algo que te haga sentir bien. El objetivo principal es sentir la energía que acabas de recuperar.

Piénsalo: ahora puedes usar esta nueva energía libre para concentrarte en lo que quieres y manifestarlo en la realidad de tus sueños. Por último, visualízate envuelto en un manto luminiscente de protección energética. Siente la manta en todo tu cuerpo.

Este es tu nuevo límite energético.

Establece la intención de que este límite permanezca en su lugar mientras avanzas con confianza en tu día.

Mientras te concentras en visualizar tu objetivo final o el proceso, tu mente podría divagar y llevarte a ciertos momentos de tu pasado, algunos agradables y otros desagradables. No hay nada de qué preocuparse, siempre que seas consciente de lo que ocurre en tu mente. Es posible que aparezcan imágenes, personas y circunstancias concretas, solo porque es una señal de que necesitas cortar los cordones con ellas y seguir adelante.

Pregúntate a ti mismo:

- *¿Qué has visto a tu alrededor? ¿Hubo algún acontecimiento traumático que te hiciera pensar de una determinada manera? ¿Qué significado le das a esos acontecimientos?*
- *¿De qué estás escapando? ¿Qué escondes? ¿Son puras tus intenciones?*
- *¿Has estado en alguna relación tóxica?*
- *¿Cuáles son los programas de sociedad más comunes en tu país o cultura? ¿Cuál es la ruta segura en tu cultura? ¿Es bueno para ti y tu visión?*
- *¿Hay algo que creías correcto solo para darte cuenta de que no era para ti?*

Sigue sumergiéndote en las profundidades. Este desnudamiento emocional y espiritual es la forma más rápida de ayudarte a manifestar la realidad de tus sueños a través de la visualización.

Aunque siempre debes centrarte en lo positivo, está bien echar un vistazo a tus viejos patrones y creencias negativas para dejarlas ir definitivamente.

Una creencia limitante se manifiesta cuando al desear algo, ésta provoca una lucha interna.

Por ejemplo:

*"Quiero conocer a un hombre cariñoso, pero creo que todos los hombres buenos están ya tomados".*

*"Quiero montar mi propio negocio, pero creo que todos los negocios requieren mucho capital".*

*"Quiero tener más dinero, pero tengo miedo de tener que pagar más impuestos, o de que me hagan una auditoría si gano demasiado dinero".*

Si identificas alguna creencia limitante, céntrate en visualizar precisamente lo contrario.

Por ejemplo, puedes visualizar que ganas grandes sumas de dinero, que pagas los impuestos con facilidad y que sigues disfrutando de mucho dinero y viviendo en paz y abundancia.

O bien, puedes visualizar que conoces a un hombre guapísimo que está soltero y quiere salir contigo, y te centras en esa sensación: *"¡Vaya, hay hombres estupendos que no están ocupados!"*.

O bien, puedes visualizar a tu inversor empresarial perfecto o un negocio que no requiere de mucho capital. Puedes imaginarte a ti mismo hablando con tu amigo y diciendo: *"¡Vaya, no puedo creer que antes pensara que era difícil, pero ahora, tengo un negocio increíble, y no necesité tener mucho dinero para empezarlo!"*.

¿Recuerdas lo que dijimos en los capítulos anteriores sobre darle a tu mente alguna evidencia de que lo que quieres manifestar es seguro? Pues bien, visualizar lo opuesto a tu creencia limitante ayudará a tu mente a sentirse segura y a buscar nuevas evidencias, alineadas con esa nueva creencia potenciadora.

Los viejos patrones se repiten y por ello debemos estar agradecidos, porque para nosotros, las personas de la ley de la atracción y del autocrecimiento, son de por vida. Los patrones nos dan datos preciosos para que podamos liberarnos realmente de las limitaciones del pasado.

Por ejemplo, yo repetía patrones negativos de tratar de encajar y complacer a los demás en mis antiguos trabajos y luego también en mis negocios. Así, mi vida profesional solía consistir en complacer a los demás mientras huía de mis verdaderos intereses y pasiones.

Solo cuando pasé a ser autora me di cuenta:

*"¡Vaya, ahora por fin puedo ser yo misma!"*

*"Puedo ofrecer productos y servicios que me apasionan, ayudar a la gente y atraer a personas que se benefician de lo que hago".*

Como resultado, ahora manifiesto la dicha y la felicidad, así como personas increíbles en mi vida. Lo mejoré con la visualización. De forma consciente pero implacable y disciplinada (¡sí, un poco de energía masculina aquí!), para mostrar a mi mente que lo que quiero hacer es seguro. A partir de allí, me vinieron las ideas para empezar a investigar y escuchar entrevistas con personas y mentores que admiraba. Su éxito hizo que mi mente cambiara de una mentalidad imposible y no segura, a una posible y segura.

Entonces apareció un nuevo obstáculo: mi mente no dejaba de darme la lata con: *"Oh, sí, ellos pueden hacerlo, porque saben esto y aquello y tú no. Así que quizás tu sueño no es para ti"*.

Si ese es el caso y te das cuenta de que acabas comparándote con otras personas y como consecuencia, te sientes bloqueado, haz este rápido y enérgico ejercicio:

Visualízate tomando un café con tu modelo a seguir.

*(Por favor, ten en cuenta que el objetivo de este ejercicio no es intentar manifestarlos en tu vida, aunque quién sabe y eso también podría ocurrir. El objetivo principal aquí es acostumbrarte a hacer cosas inusuales y aterradoras y permitir que tu mente las etiquete como "normales", para que evites el autosabotaje).*

Imagina que hablas de las cosas que ambos hacéis en vuestra vida, exactamente como si tuvieras la misma experiencia vital y profesional. Visualiza que le haces preguntas, y que te responde, o que te cuenta los obstáculos que ha tenido que superar en su trayectoria.

El propósito de este ejercicio es alinearte con la energía creativa de las personas que son modelos para ti. Por lo tanto, sigue visualizándote tomando una taza de café con ellos.

Ve tus manos extendidas para coger tu taza, ve su taza de café también. Imagina que es algo familiar: estáis pasando el rato porque les gustan las mismas cosas y tienen una trayectoria vital similar.

Así que, si ahora mismo tienes alguna inseguridad sobre tu capacidad para manifestar tu sueño, no te preocupes. En esta visualización, ¡ya has conseguido tu sueño!

Ahora simplemente le estás contando a tu amigo que está en el mismo camino, precisamente lo que te costó y cómo llegaste a tener éxito.

Concluye despidiéndote de tu nuevo amigo dándole las gracias por el encuentro y diciéndole que lo verás pronto.

Haz este rápido ejercicio energético siempre que te sientas atascado. También puedes combinarlo con la visualización de tu gran objetivo.

Otro paso para ayudarte a deshacerte de los pensamientos limitantes que otras personas podrían manifestar (pero que por alguna razón tú no puedes), es una vez más visualizar el proceso.

Después de hacer el ejercicio de energía que compartí anteriormente, ¡este debería ser mucho más divertido!

En mi caso, visualicé el proceso de adquirir las habilidades que necesitaba para tener éxito en mi viaje. Al mismo tiempo, sentí sensaciones increíbles como: *"¡Vaya, no soy demasiado mayor para aprender, me siento muy bien aprendiendo y, sí, puedo escribir fácilmente hasta 5.000 palabras al día!"*.

Así que, visualizando y actuando al mismo tiempo, empecé a deshacerme de todas las viejas creencias limitantes acerca de que era demasiado mayor para aprender cosas nuevas y cambiar mi carrera. Empecé a asociar el aprendizaje de cosas nuevas con sentimientos buenos y positivos, y con la expansión mental.

Una táctica que te sugiero es que le agradezcas a tu mente por tener las creencias limitantes que puedas tener, ya que simplemente está tratando de protegerte. Luego, libéralas y suéltalas. Aferrarse a viejas creencias limitantes conlleva la energía de la contracción, como así también la del miedo. ¡Y nosotros queremos expandirnos!

Empieza por expandir tu mentalidad. Encuentra un modelo a seguir. Una persona que esté haciendo lo que deseas manifestar. Estúdialo y aprende de él. Visualízate a ti mismo con ellos (por supuesto, recuerda mantenerte fiel a tu auténtico yo. No se trata de convertirte en el clon de alguien).

También puedes visualizar a través de sus ojos. Por ejemplo, una persona que quiere manifestar ser un músico famoso puede pensar en su modelo a seguir y visualizar su realidad a través de sus ojos. ¿Qué ven y hacen a diario? ¿Cómo se sienten? ¿Les resulta familiar lo que hacen?

Por ejemplo, cuando comencé mi camino como autora, aunque me apasionaba escribir, me resultaba muy difícil escribir a diario y ceñirme a un recuento periódico de palabras. Sin embargo, descubrí a un autor que era un *bestseller* tanto de ficción como de no ficción. Incluso tenía un libro en el que enseñaba a la gente a escribir más rápido y a ser más constante. Al principio sentí resistencia debido a temía agotarme.

Pero entonces, me imaginé que era él. Para él, era fácil escribir 1, 2, 3, incluso 5.000 palabras (o más) al día. Así que imaginé su realidad como la mía, solo para acostumbrarme a esa sensación y hacer de la escritura diaria algo normal para mí. Me pregunté si mi músculo de la escritura fuera tan fuerte como el de mi mentor, ¿qué haría? ¿Procrastinaría o me quejaría? Por supuesto que no. Me sentaría y escribiría como una profesional. Lo sentiría como algo normal y familiar.

Otra cosa que hice fue celebrar cada meta. Por ejemplo, imaginé que 500 palabras eran 5.000 palabras. No me obligué a escribir 5.000 palabras al día de repente, ni me sentí culpable por haber escrito solo 500 palabras. Simplemente imaginé que era más si era necesario, y celebré y disfruté el proceso. Nuestras mentes adoran este tipo de juegos porque les hace creer que el cambio no solo es posible, sino también agradable, divertido y seguro.

Así que, ahora pregúntate, ¿qué piensas y sientes cuando miras a tus modelos a seguir? ¿Piensas *"Si ellos pueden hacerlo, entonces yo también puedo hacerlo"*? (a tu propia y única manera, por supuesto. Ya hemos mencionado que no podemos tener éxito siendo el clon de otra persona).

Sé consciente de cualquier creencia negativa que pueda surgir.

Pregúntate: ¿por qué tienes esta creencia y de qué intenta protegerte? ¿Qué harías y cómo te sentirías, si esta creencia no te bloqueara? (cierra los ojos ahora y sigue visualizando que vives la vida de tus sueños sin ninguna limitación y abraza la sensación, físicamente, mentalmente y a nivel del alma).

- *¿Qué emociones sientes cuando piensas en esta creencia negativa?*
- *¿Qué sería lo contrario a esta creencia y emoción limitante? ¿Qué harías y cómo te sentirías?*

El verdadero salto cuántico tiene lugar cuando tienes una fe profunda en que puedes pasar del viejo paradigma ("No puedo hacer esto y aquello porque...") a un nuevo paradigma ("¡Sí, sé que puedo!").

Cuando cambias de paradigma, tu paradigma pasado sigue presente. Simplemente te has expandido a uno nuevo recordando al antiguo. La clave es ser consciente de tus antiguas acciones, sentimientos y emociones, para que puedas eliminar conscientemente la resistencia al centrarte en tu nuevo paradigma mientras te centras en tu visión o en el proceso.

La fe profunda que proviene de la energía de encarnar tu deseo ya existente (no la energía de "solo tratar de creer") te ayudará a dar un verdadero salto cuántico. Así, tus creencias individuales se confieren en pequeños pasos que pueden ayudarte a reforzar ese salto y alimentar tu fe.

Primero crea la imagen en tu mente y luego adéntrate en ella con tus pensamientos, sentimientos, emociones y acciones. Asume que ya existe una posibilidad, que lo que quieres ya existe en el campo cuántico. Asimismo, no te resistas a ninguna de tus creencias limitantes. Será mucho más poderoso aceptarlas y trabajar conscientemente con ellas desde ese lugar.

Conoce y asume que lo que deseas ocurrirá.

Primero ten fe. A continuación, apoya tu fe con tus creencias y sé consciente de lo que dices. Por ejemplo, una persona puede visualizar todos los días por la mañana y sentirse increíble, pero luego durante el día se entrega a una conversación consigo mismo que termina siendo negativa, con lo que baja drásticamente su vibración y envía señales contradictorias al universo.

El universo pensará: *Vale, ¿así que quieres una realidad en la que seas exitoso y feliz solo durante media hora al día cuando hagas tu ritual matutino y visualices? Pero entonces, me estás diciendo que no eres digno de tener éxito. Está bien, no hay problema, te mantendré donde estás mientras te permito sentirte feliz durante media hora cada día. Tu deseo es mi orden.*

Utiliza la visualización para hacer suposiciones nuevas y optimistas, encárnalas y vive en concordancia con ellas.

La mayoría de las personas operan con suposiciones negativas como:

- *Para estar sano y en forma, necesitas dietas complicadas.*
- *Para empezar un negocio, necesitas mucho dinero.*
- *Para ser un artista o actor conocido, hay que tener los contactos adecuados.*
- *Para tener una carrera bien remunerada, hay que nacer en una familia rica.*
- *Es difícil encontrar a un hombre o una mujer que me quiera por lo que soy, o si lo consigo ya debe tener a otra persona.*
- *No es posible ganarse bien la vida y tener seguridad económica como escritor o artista.*

Prométete aquí y ahora que te negarás a centrarte en lo negativo. Al mismo tiempo, celebra cada pequeño paso que des para acercarte a tus objetivos.

# Día 3: El equilibrio energético femenino-masculino y la ciencia de dejar ir para visualizar y atraer

¿Visualizas que te acercas a tus objetivos, o saboteas tu éxito y te alejas de ellos?

¿Utilizas la visualización para manipular algunos resultados rápidamente, todo desde un lugar de escasez?

¿Te fijas demasiado en tus objetivos y te apegas demasiado al resultado? ¿Es una situación del tipo "tiene que ser todo o nada"?

La clave es exactamente lo contrario, porque queremos soltar el resultado. La razón por la que no discutimos esto en los capítulos anteriores es que podría haber confundido al lector que es nuevo en la manifestación y la visualización.

Como resultado, decidí convertirlo en el tercer paso de este programa. Además, los pasos anteriores nos ayudaron a deshacernos de algunas energías negativas viejas, y ahora podemos crear nuestra visión desde un lugar del nuevo paradigma. Por lo tanto, tenemos más energía para aprender nuevos conceptos, como el concepto de dejar ir.

La gente siempre me pregunta: *¿cómo puedo visualizar y soltar al mismo tiempo? Si visualizo mi visión todos los días o hago una visualización para cada paso de mi viaje, ¿no implica que estoy apegado al resultado?*

Bueno, piensa en ello como si te probaras ropa nueva solo por el placer de probarla, sin ninguna obligación de comprarla. Ya tienes un montón de ropa fabulosa. Tienes todo lo que necesitas, pero te gusta la moda y, por eso, miras diferentes prendas y te las pruebas. ¿Por qué no?

Ahora, vamos a profundizar un poco más para entender el equilibrio entre la acción y la atracción, lo que te ayudará a decidir cómo y cuándo dejarte llevar.

Tu deseo representa el aspecto femenino, es decir, la atracción. Como tal, no le importa el cómo, sino que se centra en el objetivo. Es útil cuando todavía estás muy lejos de tu meta, y necesitas engañar a tu mente y encarnar tu realidad aquí y ahora.

Sin embargo, si estás muy cerca de tu sueño, no es tan necesario porque ya sabes qué hacer y tu mente se siente segura.

También está la intención, la energía masculina. Comprende todas las acciones que realizas, así como tu progreso.

Pues bien, necesitas tanto la energía femenina como la masculina. El deseo necesita la intención, y la intención necesita el deseo. El deseo lleva y crea la intención. El deseo puro crea la intención pura, que te da tu hoja de ruta de manifestación y tus pasos únicos a seguir.

El problema es que la mayoría de las personas pierden su fuerza vital y tal vez tengan algo de deseo, pero no pueden crear ninguna intención. En otras palabras, carecen de energía masculina para emprender una acción inspirada y centrarse en el proceso.

Al mismo tiempo, a algunas personas les falta el deseo y la energía femenina, por lo que se quedan atascadas en un ciclo inútil de acción forzada y sin sentido que no lleva a ninguna parte.

¡Yo he sido culpable de ambas cosas!

Este capítulo trata de comprender tus deseos e intenciones. Por ejemplo, una persona quiere ser millonaria (un deseo), así que la primera intención podría ser ganar 10 mil dólares estadounidenses al mes. Sigue soñando en grande, pero también establece micro metas e intenciones.

Ahora, imagina una persona cuyo deseo es ser esta persona súper segura de sí misma, hablando con todo el mundo y siendo el centro de todas las fiestas. ¿Qué tal si primero se acerca a un desconocido y comienza una conversación? ¿Qué tal mejorar ese músculo de la confianza paso a paso?

Muchas personas encuentran la ley de la atracción, y por desesperación, tratan de ganar la lotería y convertirse en millonarios de la noche a la mañana. Lo que no se dan cuenta es de que si no cambian la imagen que tienen de sí mismos, sus sentimientos, emociones y también sus habilidades, probablemente perderán toda su riqueza (esas historias suceden todo el tiempo).

En contraposición, un millonario que se hizo a sí mismo, que ha logrado su deseo paso a paso, es una persona totalmente diferente a la que era cuando acababa de empezar el viaje de la creación de riqueza.

Su mentalidad, energía y conjunto de habilidades están tan alineadas con la creación de dinero y riqueza que, incluso si algo sucediera y lo perdieran todo, siempre pueden reconstruirse. Trabajan tanto con el deseo como con la intención.

La mejor manera de dejar ir, es centrarse en el proceso y amar el viaje en sí. La intención es la mejor manera de dejar ir y equilibrar tu deseo.

La visualización es una herramienta que te ayuda a alinearte con las nuevas realidades mientras te abre más puertas.

La vida es un acto de equilibrio. Así que pregúntate si necesitas más en deseo o más en intención. Si ya tienes un gran objetivo y una visión, ¿cuál sería el siguiente paso en tu viaje? ¿Qué podría acercarte más?

Cierra los ojos y visualiza primero tu objetivo final. A continuación, pon la intención de desglosarlo y pide inspiración y los siguientes pasos. A medida que lleguen, sigue visualizándolos y continúa actuando con conciencia sobre ellos. Mantente en movimiento y disfruta del proceso. Cuando tú crees, también creces y te expandes, que es lo contrario de la contracción.

Sin embargo, si te centras demasiado en tu deseo, pero te mantienes inmóvil y no sigues tu proceso, tu cuerpo podría entrar en un estado contraído de ansiedad, preocupación, miedo y duda.

Tu tarea para hoy es centrarte en tu próximo paso. Inténtalo, aunque te parezca raro. Da este paso a través del ojo de tu mente, así como de la realidad física, para mantenerte absorto en la creación y el flujo mientras evitas los sentimientos negativos de impaciencia.

# Día 4: El método de la ingeniería inversa para por fin controlar tu mente y ser poderoso sin limitaciones

Es hora de aprender a gestionar tu estado para ayudarte a acelerar tu viaje de manifestación, y a manifestar resultados consistentes, no solo algunas manifestaciones intermitentes.

Eso te ayudará a moverte con confianza, sabiendo que posees el poder de expandirte mientras aumentas gradualmente tus objetivos.

Es hora de romper el ciclo de la escasez, en el que solo te sientes nervioso por experimentar la misma realidad que no te gusta. Cuando estás en la escasez, te sientes contraído todo el tiempo, siendo esto lo opuesto a la expansión.

La mayoría de la gente dice: *si realmente lo quieres, lo tendrás.* Y sí, hay algo de verdad en ello, siempre y cuando tu estado esté bien gestionado. Por ejemplo, no desees demasiado (sin intención y acción).

Si deseas mucho algo desde un estado de desesperación, lo más probable es que el universo perciba el desequilibrio que sale de tu energía y quiera equilibrarlo dándote lo contrario a lo que deseas.

Entonces, puede que te sientas ansioso y temeroso, desesperado por encontrar el próximo objeto brillante que te ayude a salir. Así que, ¿cómo saber si le atribuyes demasiada importancia?

Bien, hazte esta pregunta: *si piensas en tu deseo, ¿qué sientes? ¿Sientes abundancia o escasez? ¿Estás bien con o sin él?*

Recuerdo que en mi antiguo negocio, era muy crítica conmigo misma y estaba desesperada por "tener más clientes" y ganar dinero. En ese momento, estaba pasando de un trabajo a tiempo completo a mi propio negocio y a una agencia de marketing.

Seguía siendo la antigua yo. Es decir, no estaba alineada con quien era (no me apasionaba dirigir una agencia de marketing y la mayoría de las veces atraía a clientes con los que no disfrutaba trabajando). Sin embargo, seguía forzándome y presionándome para vender mis servicios y demostrar a mis amigos y familiares que podía hacerlo.

Trabajaba con la pura "mentalidad del ajetreo". Aunque se sentía un poco mejor que la mentalidad de víctima (en la que una persona no hace nada), hay mejores estados por ahí, por ejemplo, el estado de conciencia alineado "a través de mí".

En aquel entonces, era muy consciente de lo que le decía a mis clientes, así que sobreanalizaba cada palabra porque quería que me percibieran de una determinada manera.

En lugar de centrarme en mis clientes, en sus necesidades y en su estado, me centraba demasiado en mis deseos. Sentía una profunda carencia, tanto por dentro como por fuera. No es de extrañar que no funcionara y, en aquel entonces, la vida era una lucha para mí; a pesar de que podía manifestar más dinero en mi vida.

Así es como aprendí la lección. Ahora cada vez que comienzo un nuevo proyecto, me aseguro de operar desde un estado puro, a medida que experimento una abundancia de buenos sentimientos.

Además de visualizar, como he descrito en los capítulos anteriores, me centré en la relajación profunda mientras lo hacía. En lugar de separarme de mi visión, sintiendo carencia y "tratando de manifestar" desde un lugar de escasez, comencé a fusionarme con ella.

Al principio, enviaba señales bastante incoherentes al universo, porque solo me sentía bien cuando visualizaba por la mañana y por la noche.

Pero, por suerte, me di cuenta de una cosa: durante el día escribía, aprendía e investigaba a otros autores mientras, muy a menudo, me deslizaba hacia viejos patrones de pensamiento como:

*"Tengo que demostrar que los demás están equivocados, tienen que venir a mi perfil de autora y ver que soy un éxito masivo, y si eso no ocurre, no vale la pena".*

Cuando llegaron esos pensamientos negativos, me sentí inmediatamente contraída, lo cual, como sabemos, es lo contrario de la expansión y el buen estado que necesitamos para manifestar la realidad de nuestros sueños y disfrutar del éxito a largo plazo.

Así que tuve que tomar la decisión muy consciente de recordarme a mí misma que debía relajarme durante el día. Una vez más, una simple relajación progresiva o cualquier adaptación de esta técnica es perfecta, y puedes hacerla en tu pausa para el café.

A continuación te presento algunos de mis consejos de relajación favoritos para que los pruebes.

### *Relajación muscular progresiva por Edmund Jacobson*

Primero, busca un lugar tranquilo donde no te molesten. Puedes tumbarte en el suelo, en la cama, en una esterilla de yoga o si lo prefieres, reclinarte en una silla.

Asegúrate de sentirte cómodo: si lo necesitas, quítate los zapatos y aflójate el cinturón o la corbata.

Quítate también las gafas.

Apoya las manos en tu regazo o en los brazos de la silla mientras te concentras en la relajación profunda.

Ahora, respira profundamente varias veces, muy despacio. Siente cómo se mueve tu vientre al inspirar y expirar.

Sigue respirando mientras centras gradualmente tu atención en las distintas zonas de tu cuerpo.

**Tu frente:**

Aprieta con atención los músculos de tu frente durante unos 15 segundos.

Siente cómo se tensan los músculos.

Ahora, libera lentamente la tensión de tu frente mientras cuentas durante 30 segundos.

¿Sientes la diferencia en la sensación de sus músculos al relajarse?

Continúa repitiendo este proceso varias veces hasta que tu frente se sienta completamente relajada.

Cuando sientas que tu frente está relajada, pasa a otras partes de tu cuerpo.

**Tu mandíbula:**

Tensa los músculos de tu mandíbula y mantén la tensión durante 15 segundos.

Ahora suelta la tensión lentamente durante 30 segundos.

Una vez más, nota la hermosa sensación de relajación y continúa respirando lentamente. Repítelo varias veces si es necesario. Tu mandíbula puede acumular una tensión tremenda.

**Tu cuello y hombros:**

*(Este es mi favorito porque siempre acumulo mucha tensión en mi cuello).*

Primero, aumenta la tensión en tu cuello y los hombros levantando éstos hacia las orejas y manteniéndolos en esa posición durante 15 segundos.

Luego, suelta lentamente la tensión mientras cuentas 30 segundos. Observa cómo la tensión va desapareciendo poco a poco.

**Tus brazos y manos:**

Cierra lentamente las dos manos en puños. Lleva los puños hacia el pecho y mantenlos así durante 15 segundos, apretando todo lo que puedas. A continuación, suéltalos lentamente mientras cuentas durante 30 segundos. Reconoce la profunda sensación de relajación.

**Tus glúteos:**

Aumenta lentamente la tensión en tus glúteos durante 15 segundos. Luego, libera lentamente la tensión durante 30 segundos. Observa cómo desaparece la tensión y asegúrate de respirar lentamente y uniformemente.

**Tus piernas:**

Aumenta lentamente la tensión en tus cuádriceps y pantorrillas durante 15 segundos. Aprieta estos músculos todo lo que puedas. A continuación, libera suavemente la tensión durante 30 segundos.

Observa cómo se va la tensión y disfruta de la sensación de relajación.

**Tus pies:**

Mientras respiras profunda y lentamente, concéntrate en aumentar la tensión en tus pies y en tus dedos de los pies.

Ahora tensa los músculos todo lo que puedas. Libera lentamente la tensión mientras cuentas durante 30 segundos. Observa cómo desaparece toda la tensión.

Continúa respirando lentamente y uniformemente. Haz este ejercicio siempre que te sientas estresado. La verdad es que si tu cuerpo está relajado, tu mente lo seguirá. Cuando te relajes, tu práctica de visualización adquirirá una nueva dimensión, y además te sentirás muy bien. La relajación puede ayudarte a superar rápidamente tu estado "normal" y a alcanzar nuevos niveles de conciencia. También bloquea la preocupación, la impaciencia y la ansiedad.

Cuando empecé a ampliar conscientemente mi visualización expandiendo mi estado a lo largo del día, me di cuenta de una cosa: siempre hay un retraso en los resultados, y tenemos que trabajar en nuestra paciencia.

En otras palabras, se tarda más. Al principio puedes sentir que estás perdiendo el tiempo. Esto es lo que me pasaba por la cabeza: *¿por qué iba a perder aún más tiempo para relajarme, si podía utilizarlo para intentar escribir más?*

Pero lo que aprendí es que gracias a la visualización y a la relajación, mi estado mejoró, y también mi productividad.

Ya no me sentía demasiado apegada al resultado final. Por fin podía disfrutar del proceso y, a partir de ahí, empezaron a manifestarse cosas realmente increíbles en todos los ámbitos de mi vida. Fue literalmente como un sueño hecho realidad.

Pregúntate cómo sientes tu corazón, tu vientre y tu garganta. ¿Sientes ansiedad o alguna energía contraída allí? Cierra los ojos, visualiza la realidad de tus sueños, siempre desde una primera persona, siempre a través de tus ojos.

Respira profundamente varias veces. Aplica la técnica de relajación que compartí anteriormente cada vez que notes alguna contracción en tu cuerpo, y continúa tu visualización.

Confía en el proceso, mantén tu visión y recuerda que el universo es una inteligencia infinita, ya conoce tu orden. Aun así, deja de lado tus formas y canales específicos en los que predices que se manifestará tu deseo. Puede que se manifieste de una forma diferente a la que pensabas y ¡está bien!

Puede que el universo también quiera ponerte a prueba. Tal vez, antes de que manifiestes tus millones, quiere que experimentes varias malas inversiones y negocios "fallidos".

Solo porque quiere que practiques para el espectáculo principal, de modo que cuando finalmente manifiestes tus millones, sabrás cómo mantenerte alejado de las malas inversiones e ideas de negocio. El universo conoce tu camino y las lecciones específicas que necesitas aprender.

No fluctúes tu estado porque todavía no puedes ver tus sueños manifestarse en la realidad física tan rápido como querías. Tus sueños ya existen, y tu Yo superior ya los está viviendo. Así que, ¡enfoca tu mente y tu corazón en eso! Y siéntete bien y relajado en el momento presente.

Asimismo, lleva la visualización contigo a lo largo del día. Por ejemplo, cuando veas las facturas sin pagar, en lugar de preocuparte por ellas, conversa contigo mismo y di: *"¡Qué bien que tengo acceso al agua, a la energía y a Internet!"*.

Mientras pagas, piensa en cómo esos servicios te ayudan a llevar una vida cómoda.

Digamos que te pagan 5.000 dólares estadounidenses. Imagina que son 50.000 dólares. ¿Cómo te sentirías?

Hoy, concéntrate en regalarte a ti mismo la relajación, y visualiza tu gran objetivo una vez más, para determinar cómo se siente desde tu nuevo estado de relajación.

Utiliza la técnica de relajación progresiva siempre que sea necesario. Un cuerpo relajado también da lugar a una mejor energía, así que puede que te encuentres manifestando algunas cosas hermosas y totalmente inesperadas durante el día.

Suelta el equipaje del estrés y la ansiedad para que puedas visualizar y manifestar desde un lugar genuinamente relajado.

# Día 5: Amplifica la visión de tus sueños y alcanza tus metas más rápido cambiando conscientemente tu identidad

Ahora es el momento de la última etapa. Como ya hemos dicho, cada capítulo se apoya en el anterior. Ahora estás listo para integrar y amplificar lo que has aprendido hasta ahora.

Este capítulo será especialmente útil si todavía te sientes atascado en el mismo nivel profesional, financiero o personal. Sientes que algo te bloquea, aunque tienes las habilidades y el conocimiento para acercarte a tu visión.

Tal vez, quieras manifestar un aumento de sueldo y, sin embargo, siempre son otras personas de tu empresa las que lo consiguen... (Aunque tú tengas más experiencia y conocimientos). La única brecha aquí es tu energía, y vamos a arreglar esa brecha y luego amplificar tus habilidades de manifestación y visualización.

¡La forma en que vas a hacer esto es mediante un cambio de identidad masivo!

¡Es hora de visualizar cómo cambiar radicalmente tu paradigma y manifestar desde una nueva energía!

Entonces, ¿cómo amplificar lo que ya tienes? Por ejemplo, ¿cómo manifestar más dinero? o ¿cómo llevar tu carrera al siguiente nivel y manifestar un aumento de sueldo?

Bueno, ¿en qué te enfocas y cómo te enfocas en ello?

¿A qué te aferras? ¿Te aferras demasiado a tus logros anteriores y a tus hábitos y creencias del pasado?

Tal vez trabajes en una empresa, pero en el fondo quieres montar tu propio negocio. Quieres seguir tu pasión.

Has estado investigando e intentándolo, pero todavía tienes este profundo condicionamiento de muchos años, este viejo paradigma que alguien creó para ti: vas a un trabajo porque simplemente es así.

Pero ahora te sientes despierto, estás buscando algo más ahí afuera, empiezas a experimentar dolor. Los largos viajes al trabajo te agotan porque ya no te apasiona tu trabajo. Tienes ganas de cambiar algo.

Tus compañeros de trabajo creen que es normal, pero tú sientes que no encajas.

Sabes que hay un nuevo tú, un nuevo paradigma y, en este nuevo paradigma; eres autónomo.

Así que ahora, ¿a qué te aferras? ¿Qué dicen tus hábitos?

Tal vez el fin de semana te vas de fiesta con la gente de la empresa, pero sabes que manifestarías tu visión rápidamente si en lugar de ir de fiesta los fines de semana, empezaras a construir tu negocio y tu base de clientes mientras sigues la llamada de tu alma.

Mentalmente conoces los pasos, pero sientes que tu viejo paradigma aún te impulsa. El cambio es difícil.

Pues bien, es hora de cambiar tu identidad y todo tu estado de ánimo, para que puedas encarnar tu visión las 24 horas del día y emprender fácilmente acciones significativas e inspiradas para alcanzar tus sueños con alegría y facilidad.

Siéntate. Cierra los ojos y respira profundamente. Si no estás totalmente relajado, aplica la técnica de relajación progresiva que compartí en el capítulo anterior.

En cuanto empieces a sentirte relajado, céntrate en visualizar tu sueño a través de los ojos de tu Yo superior. Visualiza tu nuevo Yo. Tu nuevo Yo, más poderoso.

**Visualiza y siente en detalle:**

- Tus pensamientos: ¿qué es lo que suele rondar por tu cabeza? ¿En qué piensas a diario? ¿Cuáles son los pensamientos positivos que te impulsan? ¿Cuáles son los "problemas" que necesitas resolver?

Por favor, ten en cuenta: tu nuevo Yo también se encontrará con algunos problemas, pero serán problemas de mayor calidad, tus problemas actuales se evaporarán, y los "problemas" a los que tu nuevo Yo podría enfrentarse de vez en cuando, serán, ¡lo que tu Yo actual daría todo por experimentar!

Ejemplo de un problema actual: *"no estoy ganando suficiente dinero para comprar la casa de mis sueños"*.

Nuevo "problema" de tu Yo actual: *"estoy viviendo en la casa de mis sueños, y no puedo encontrar un buen jardinero"*.

Ejemplo de un problema actual: *"no puedo encontrar la pareja de mis sueños"*.

Nuevo "problema" de mayor calidad de tu Yo actual: *"para nuestro aniversario de bodas, él quiere ir a París, pero yo en cambio iría a Fiji"*.

- Tus sentimientos y emociones: ¿cómo te sientes cuando te despiertas? ¿Dónde te despiertas y con quién? ¿Qué hay a tu alrededor y cuál es tu sentimiento por defecto? ¿Eres feliz? ¿Por qué eres feliz? ¿Estás esperando algo extraordinario? ¿Estás emocionado? ¿Te sientes amado y atendido diariamente? ¿Te sientes realizado?
- Tus acciones: ¿qué acciones realizas al levantarte y durante el día? ¿Dónde vives? ¿Y tu trabajo? ¿Con quién trabajas? ¿Trabajas desde casa o vas en coche a tu oficina? ¿Qué coche conduces?
- Tus hábitos: ¿qué haces en tu tiempo libre? ¿Qué haces los fines de semana? ¿Y tus amigos? ¿Qué hacen? ¿Con quiénes sales?

Mientras visualizas, alinéate con tu ser superior sintiendo, pensando y actuando exactamente como lo haría tu ser superior.

Tus manifestaciones siempre pasan por diferentes etapas, no es que puedas cambiar de un día para otro, aunque tu decisión consciente puede ser tomada aquí y ahora, y puedes decidir convertirte en tu nueva identidad aquí y ahora. En este momento.

Ejemplo:

Jessica trabaja en una empresa de 9 a 5, en un buen puesto, con un buen salario. Desde hace 25 años, el trabajo le ha ayudado a mantener a su familia (como madre soltera) y a vivir cómodamente. Jessica siempre estudió a la ley de la atracción y se dedicó al desarrollo personal. Sabía que quería crear su propia marca y retribuir compartiendo sus conocimientos y ayudando a la gente a alcanzar sus sueños. Pero no encontraba el tiempo. También se decía a sí misma: *"No puedo hacerlo ahora, la gente pensaría que soy un fraude, ¿quién soy yo para guiar a la gente a alcanzar sus sueños si claramente no estoy viviendo mi sueño?"*.

Así que, durante años, se vio atrapada en un ciclo de excusas y autoconvencimiento limitante. Todavía tenía su pasión y seguía estudiando el desarrollo personal, pero sus pensamientos predominantes eran: *"bueno, no soy como Bob Proctor, Marie Forleo o Tony Robbins. Así que, supongo que nadie me escucharía de todos modos"*.

Así que siguió aprendiendo nueva información y creciendo a nivel mental, pero nunca pudo dar un salto de fe.

Sus hijas y su educación eran su principal objetivo, quería que fueran totalmente independientes y tuvieran grandes carreras.

Con el tiempo, casi se olvidó de su sueño de convertirse en coach o entrenadora de vida. Pero ahora, sus hijas han terminado la universidad y están trabajando y viviendo en sus propios apartamentos. De repente, Jessica se encuentra no solo con más tiempo, sino también con más dinero.

Jessica lleva años soñando con su propio negocio de coaching y, en algún momento, llegó a tener algunos clientes que le pagaban. Sin embargo, los resultados nunca fueron consistentes, porque ella nunca pensó que pudieran serlo. Así que sus pensamientos, acciones y hábitos, por consiguiente no eran consistentes. No había intención ni proceso.

Así que ahora quiere dar el salto cuántico y convertirse en una coach a tiempo completo, tener su propia marca, programas pagados y clientes.

Pero... su antigua identidad decide por ella:

*"Oye, es fin de semana. Reúnete con tus amigos. Y por cierto, ya eres demasiado mayor ¿Quién querría contratarte? Con tantos coaches jóvenes y buenos en marketing digital que hay en las redes sociales, tardarías siglos en aprender. Ah, y ni siquiera sabes cuál es tu nicho exacto, ¡tienes que clavar ese avatar de cliente primero!"*.

Así, pasan las semanas y los meses, y Jessica empieza a experimentar la lucha interna.

Sí, tiene algunos clientes y está agradecida, pero sabe que no puede dejar su trabajo ahora porque los ingresos del coaching no son suficientes para mantenerse todavía.

Lo único que puede ayudar es la visualización holística profunda, en la que trabaja con todos sus sistemas: sus pensamientos, sentimientos, emociones, acciones y hábitos.

Una vez más, Jessica visualiza la realidad de sus sueños en la que es una coach de vida de éxito, se gana bien la vida con su negocio basado en la pasión y tiene más tiempo para sus hijas, y muy pronto para sus nietos. Ahora tiene un horario flexible y puede disfrutar de su vida mientras se siente realizada.

Se pregunta: *"como la nueva versión 2.0 de mí misma, ¿cómo me siento, pienso y actúo?".*

¿Qué pienso antes y después de hablar con los clientes? *(En lugar de pensar continuamente en lo mal que se me da la tecnología y en que no tengo ni idea de cómo comercializarme en Internet).*

No, la nueva Jessica piensa en lo que PUEDE hacer y en lo que PUEDE dominar. No se enfrasca en pensamientos negativos y auto-limitantes.

¿Cuáles son sus nuevos "problemas"? Bueno, el antiguo problema sería: *"no puedo vivir bien de mi pasión"*

El nuevo "problema" es: *ahora obtengo unos ingresos excelentes gracias a mi pasión, tengo un negocio con diferentes flujos de ingresos. Mi nuevo "problema" es que necesito contratar a un buen contable que me ayude con los impuestos.*

¿Qué emociones siento cuando trabajo con clientes?

La antigua Jessica solía sentirse preocupada, enfadada, frustrada y desesperada, o incluso resentida: *"¡La gente no quiere comprar mis servicios, atraigo a gente a la que no quiero servir!"*.

Sin embargo, la nueva Jessica se siente bendecida, feliz, realizada y llena de amor porque sus clientes son únicos y es un placer trabajar con ellos. En su visualización, se pregunta: *¿Puedo mantener esa vibración conmigo en mi trabajo corporativo? ¡A imaginar que nuestros clientes corporativos son mis propios clientes!*

Como resultado, ella envía esta vibración al universo. Ahora vibra una energía increíble en el trabajo y puede ganar más bonos y comisiones, de forma bastante inesperada. En otras palabras, ahora Jessica actúa desde la energía de la alineación, la claridad, la libertad y la confianza.

En sus visualizaciones, ella también se enfoca en sus nuevas acciones.

¿Qué hace la nueva Jessica? ¿Cuál es su nuevo horario de trabajo como su propia jefa? ¿Cuándo entrena a sus clientes? ¿Qué tal si hace yoga y lee por las tardes? ¿Y si ya no se siente agotada por ese largo viaje al trabajo?

Todo empieza en su mente. Jessica tiene claro lo que quiere (no lo que quiere la sociedad), y practica ser receptiva a nuevos pensamientos, sentimientos, acciones y emociones.

Se da cuenta de que estaba demasiado atascada en el cómo. Precisamente, el cómo negativo (cómo no podía vivir la vida de sus sueños y ganarse la vida con su pasión).

Entonces, Jessica decide experimentar con su nueva versión empoderada en la que es coach a tiempo completo, para poder cambiar su identidad.

Utilizando la visualización holística todas las mañanas y todas las noches, mientras practicaba la gratitud y engañaba a su mente durante el día siempre que podía *(por ejemplo, después de recibir una consulta de negocios, se imaginó que recibía docenas y ¡sintió la alegría inmediatamente!)*

De repente, el "cómo" empezó a manifestarse, y resultó que podía ser una coach de éxito sin tener que ser una maga de la tecnología.

Jessica empezó a organizar eventos locales y grupos de clientes locales, lo que la llevó a tener unos ingresos constantes. Dejó su trabajo y se encontró con más tiempo libre. Entonces, por fin pudo llevar una parte de su negocio a Internet y aprender nuevas habilidades y el marketing en línea (¡que tanto temía!) con alegría y facilidad.

Como nueva persona, empezó a pensar de forma diferente, todo porque visualizó cada día para expandir su mentalidad.

La antigua Jessica tenía miedo de invertir dinero en su negocio. Se sentía bien gastando mucho más en cenas caras y ropa que no necesitaba, pero tenía miedo de invertir en un buen entrenador y mentor para ella misma.

La nueva Jessica se siente entera y completa. Como resultado, cambia su enfoque. La antigua Jessica tenía miedo de la tecnología y de llevar un negocio en línea, pero la nueva Jessica actúa con convicción, contratando a expertos que la ayuden a crecer on line para poder centrarse en lo que se le da bien: servir a los clientes.

Lo que antes era una excusa o un "cómo negativo", fue resuelto por su nueva versión 2.0 de sí misma, más empoderada.

Así pues, comprueba tu alineación... ¿Estás actuando a favor o en contra de tu nuevo yo y de tus sueños? ¿Sigues confinado en tus viejas emociones, energía, acciones y pensamientos?

¿Te aferras a tu viejo yo y a tus viejos patrones?

Todos los libros de desarrollo personal dicen que el crecimiento viene de salir de tu zona de confort mientras tienes una fe profunda. ¡Es hora de aplicar esta joya en nuestras vidas!

Bueno, todo empieza en tu mente. Así es que la visualización es tu mejor amiga en este viaje, ya que puedes experimentar y vivir nuevas realidades e incluso elegir entre ellas. Recuerda que es como probar ropa nueva. Si encuentras algo que te gusta, ¡cógelo y póntelo!

La visualización consciente puede incluso ayudarte a que te ahorres años de machacarte a ti mismo y hacer cosas que odias.

Al experimentar tu nueva realidad a través de la visualización, empiezas a experimentar lentamente tu nuevo Yo, con nuevos pensamientos, sentimientos, emociones y acciones.

Y tu nuevo Yo tiene todas las respuestas. Sin embargo, querrá que pienses, sientas y actúes en alineación con quien te estás convirtiendo, no necesariamente con quien eres ahora (a menos que quien eres ahora mismo, ya esté alineado con la realidad de tus sueños).

La mejor manera de experimentar un cambio de paradigma es a través de la visualización. No tienes que preocuparte por destruir el viejo paradigma.

En su lugar, ¡concéntrate en añadir! Sí, enfócate en añadir nuevos elementos a tu realidad a través de la visualización, y el nuevo paradigma entrará en piloto automático. Permite que todas tus células se familiaricen con tu nueva realidad.

La razón por la que la gente se estanca en el mismo nivel es porque no hay alineación entre sus acciones, pensamientos y sentimientos. Desean algo intelectualmente, pero sus sentimientos, acciones y emociones no les siguen.

Por ejemplo, una persona visualiza la realidad de sus sueños y la abundancia financiera, pero luego ve un libro o un curso que puede enseñarle algo para acercarse a sus objetivos; y dice que no, porque tiene demasiado miedo de invertir en sí mismo.

Una persona visualiza una carrera satisfactoria y un negocio basado en su pasión. Sin embargo, cuando surge la oportunidad, en lugar de dedicar algo de tiempo a dominar su oficio, se escapa a ver la televisión, pensando que es demasiado tarde para aprender algo nuevo.

Recuerda que nunca es demasiado tarde para perseguir tus objetivos. Por lo tanto, nunca te culpes a ti mismo y nunca te detengas en las "oportunidades perdidas". No están perdidas. En todo caso, son mucho mejores ahora, ¡porque eres una persona totalmente diferente!

Repasa este libro varias veces y deja que la información se asimile en tu mente. Practica con atención cada uno de los pasos para que puedas crear tu propio sistema de visualización que te haga sentir bien y te sirva para los años venideros.

Creo en ti. Cada vez que te sientas solo en tu viaje, recuerda que eres un ser increíble y altamente vibrante, destinado a vivir en salud, amor, riqueza, felicidad y abundancia de lo que desees.

Manifestar una nueva realidad puede ser algo así como atravesar un túnel oscuro a veces, pero recuerda que hay una luz al final de ese túnel. Así que, ¡enfócate siempre en esa luz y sé esa luz!

Ahora que sabes cómo trabajar en alineación y cómo utilizar la visualización de forma holística mientras integras todos tus sistemas, ¡tienes todo lo que necesitas para crear tu propia realidad!

Las siguientes páginas contienen un par de consejos extra y técnicas avanzadas de manifestación que creo que te pueden ser muy útiles para que puedas llevar tus visualizaciones y manifestaciones al siguiente nivel. Disfruta y ¡te deseo una feliz manifestación!

# Ejercicio extra: ¿Estás bloqueando canales inesperados de dinero, abundancia y amor?

¿Y si te dijera que la mayoría de las veces, subconscientemente o incluso conscientemente, bloqueamos nuevos canales de abundancia?

Cuando digo "abundancia", no solo me refiero al dinero, sino también a los momentos felices, la energía, la salud e incluso el amor. Pero, por el bien de este capítulo, vamos a utilizar el dinero como ejemplo.

Lo interesante es que todos tendemos a hacer esto, y yo también me he sorprendido bloqueando nuevos canales de abundancia, por estar demasiado atascada en mis "formas normales" (¡y por ser demasiado racional también!).

La mejor manera de explicar cómo solemos bloquearnos para recibir nuestros deseos, es plantear diferentes ejemplos, como los siguientes:

1. En la comunidad de la ley de la atracción, muchas personas se obsesionan con manifestar dinero a través de ganar la lotería, como si fuera la ÚNICA manera. Diablos, algunas personas incluso piensan que la ley de la atracción es y tiene que ser sobre ganar la lotería, y si no es así, entonces no funciona.

    Tal pensamiento bloquea otros canales de auto-expresión creativa u otros canales de abundancia inesperada. Una persona puede rechazar conscientemente un nuevo proyecto en el trabajo, o el aprendizaje de una nueva habilidad de altos ingresos, o la persecución de una pasión que puede resultar en la abundancia en algún momento de sus vidas (o conseguir esto en un nuevo camino).

2. Algunas personas piensan en manifestar dinero, y la ÚNICA forma en que creen que

pueden hacerlo es obteniendo un aumento de sueldo o un nuevo trabajo. De nuevo, no hay nada malo en ello. Estoy a favor de la ambición, si viene genuinamente de tu corazón.

Pero... la abundancia también podría venir de una inversión, un proyecto o negocio paralelo, o algo completamente diferente que tu mente aún no conoce (¡pero tu ser superior sí!).

3. En mi caso, como he estado dirigiendo diferentes negocios on line durante años, solía pensar que la única forma de manifestar más abundancia era montando alguna otra aventura empresarial en el espacio en línea.

Así que me quedé atascada en la creación de activos on line y en la búsqueda de ingresos pasivos. Aprendí de diferentes autores de negocios. Aunque estoy muy agradecida por las habilidades y el conocimiento que obtuve de su trabajo, una parte de mí se cerró a otros canales de recepción de abundancia.

Me estaba volviendo demasiado racional, y en algún momento, me costaría tomar una acción inspirada en las nuevas ideas que me venían a la mente, porque sobreanalizaba cada idea usando las métricas que antes aprendí de los autores de negocios.

¿Es un ingreso activo o pasivo? ¿Me dará la libertad de tiempo y ubicación? ¿Violará los mandamientos empresariales de los que hablaba uno de los autores que leí?

Una vez más, estoy muy agradecida por todo lo que he aprendido, tanto de la espiritualidad como de los líderes empresariales. Todo es información útil.

Y todo el mundo está en un viaje diferente, no hay nada bueno o malo. Lo que importa es lo que es bueno para ti AHORA. Es el AHORA el que puede transformar nuestras vidas, así que ¿por qué bloquearlo?

La conclusión es que tenemos que estar ABIERTOS a lo inesperado y tomar acciones INSPIRADAS sobre las ideas que vienen de nuestra intuición, sin analizarlas demasiado y sin usar la forma de pensar de otras personas (sí, aprende de los expertos, pero piensa por ti mismo).

Necesitamos soltar el apego y emprender nuevas acciones en nuevos campos. Todo desde un lugar de amor y curiosidad. Imagina a un niño pequeño aprendiendo a caminar. El niño sigue aprendiendo, cayéndose y levantándose, sin analizar cada paso.

Entonces, ¿cómo me abrí a nuevos canales de manifestación de abundancia y cómo puedes hacerlo tú también?

Bueno, empieza con una visión emocionante. Visualiza tu día ideal en tu vida soñada. No pienses demasiado en cómo sucederá. Simplemente permite que sea y siéntelo en el ojo de tu mente, en tu alma y en todo tu cuerpo.

Haz esto dos veces al día y busca un estado de profunda relajación mientras lo haces.

Después de terminar este ejercicio, establece una intención al universo (piénsalo o dilo en voz alta):

*"Estoy abierta a manifestar la abundancia desde canales nuevos e inesperados. Estoy abierta al*

crecimiento y a la expansión. Estoy abierta a aventurarme en lo desconocido".

Después de unas semanas de hacer este ejercicio, manifesté:

- Un acuerdo inesperado y bastante inusual de una compañía de audiolibros (después de 3 años de escribir y publicar, ¡un correo electrónico y una llamada cambiaron todo mi año!).
- Un alquiler muy barato, prácticamente "simbólico", en una encantadora casa de la playa (un amigo de un amigo se iba de viaje, y quería que alguien con "buena energía" y amante de los gatos cuidara de su casa).
- Muchos descuentos y cupones inesperados (como ves, mi antigua yo los etiquetaría groseramente como "cosas de tacaños" y así, me estaba bloqueando a mí misma de recibir algo nuevo y probablemente bloqueando muchas otras cosas)
- Un aumento de energía y vitalidad, lo que me permitió leer y estudiar nuevas habilidades muy rápidamente y comenzar

nuevos servicios basados en mis nuevas habilidades.

- Muebles increíbles para mis padres (un amigo se estaba mudando de casa y me ofreció sus muebles que no pude aceptar, así que se los pedí para mis padres, y resultó que estaban ahorrando dinero para comprar muebles nuevos, así que les entusiasmó recibirlos gratis, ahorrar dinero y utilizarlos para unas merecidas vacaciones).
- ¡Un aumento de mi creatividad que me permite escribir más y atraer a lectores increíbles como Tú!
- Increíbles historias de éxito de la ley de la atracción para mis amigos y lectores.

Una cosa que tuve que tener muy en cuenta fue tomar acción inspirada en nuevas ideas, incluso si parecían raras y no estaban conectadas con mi "plan lógico".

Bueno, ¡tu Yo superior lo sabe!

Para resumir:

1. Agradece todos tus canales de manifestación actuales como el trabajo, los clientes, el

negocio, el trabajo secundario, la devolución de impuestos.
2. Visualiza tu vida soñada y tu día perfecto. Hazlo diariamente sin pensar lógicamente en el CÓMO.
3. A lo largo del día, agradece todas las cosas grandes y pequeñas y utiliza un lenguaje positivo (para ti y para los demás)
4. Toma acciones inspiradas en nuevas ideas desde un lugar de amor, diversión y curiosidad.
5. Sigue afirmando que estás completamente abierto a nuevos canales de recepción de la abundancia.
6. Actúa de acuerdo con esa intención. Por ejemplo, si quieres manifestar una pareja amorosa y, hasta ahora pensabas que la única manera de hacerlo era a través de las citas en línea, y luego un amigo te llama con una invitación gratuita a una clase de yoga; ¡simplemente ve allí! Tal vez el universo quiera que conozcas a alguien allí, o al menos que te pongas en un nuevo camino que eventualmente te lleve a conocer a tu pareja soñada.

Si quieres manifestar abundancia y un amigo te sugiere que leas algún libro de negocios, actúa en consecuencia. Nunca se sabe, tal vez una sola idea de ese libro te abra una nueva puerta. Incluso si nunca pensaste que querías tener tu propio negocio.

¡Siempre hay que estar abierto a aprender, crecer y expandirse!

## Consejo extra: Cómo no visualizar

Al visualizar, la intención principal debe ser liberar la resistencia. No crear más de la misma. Lo bueno es que cuando visualizas, tu cerebro se está preparando de manera contundente mientras crea experiencias de referencia, ahora mismo en el momento presente.

Esta práctica es excelente para reprogramar tu mente subconsciente. Al igual que con todas las técnicas de manifestación, necesitas la sensación de que puedes alinearte con tu mente y tu corazón.

El error más común que comete la gente al visualizar es que se ve a sí misma en una película, desde la tercera persona. Lo que genera que no te identifiques con ello, y es más difícil de manifestar. Te estás separando en lugar de fusionarte con tu visión.

Es mucho mejor imaginarlo a través de tus ojos.

Además, la visualización no tiene que ver con algún punto externo en el futuro. Tienes el poder de hacerte sentir cualquier emoción que quieras aquí y ahora. Visualiza cosas que te hagan sentir bien, siéntete orgulloso de ti mismo. Visualizar el proceso también es muy poderoso, así que practica tu nueva versión empoderada.

Fúndete con ella para practicar tu vibración única y alinearte con ella.

Permanece en esa vibración en tus actividades diarias. Tu antiguo apartamento puede ser tratado como tu propia villa si lo consideras como tal. Cuando revises tu cuenta bancaria y veas, digamos unos 2.000 dólares, imagina que son 20.000 dólares, o 200.000 dólares. Imagina que están ahí, y que están a salvo. Que estás a salvo. Es normal que generes, guardes, gastes e inviertas dinero. El dinero siempre viene a ti, y se repone fácilmente. Al dinero le gustas.

Si quieres manifestar un cuerpo sano y en forma, y corres una milla al día, imagina que puedes correr cinco o incluso diez millas. En otras palabras, utiliza las rutinas y situaciones cotidianas para engañar a tu cerebro:

*Ya está ocurriendo, ¡y es algo normal para mí!* Imagina que una persona cuyo deseo es ser un cómico conocido consigue una pequeña actuación local, pero solo hay 30 personas en el público. Aun así, la persona puede elegir fingir que hay 300 personas o incluso 3.000 personas, ¿por qué no?

Otra persona quiere perder 20 libras y ya ha perdido 1 kilo. Pues bien, puede fingir que ya ha perdido 3 o 4 kilos.

Tu cerebro es una máquina a la que le encanta recibir señales claras. Comunícate con él a través de emociones y visualizaciones. ¡A tu cerebro le encantan estos juegos!

Pregunta:

*Me cuesta visualizar en primera persona, pero ya comencé a trabajar duro para cambiar eso :) Quiero manifestar un puesto con un salario de seis cifras en mi empresa. Estoy muy cerca, ya que recientemente he conseguido un importante ascenso.*

*He estado siguiendo tus libros y correos electrónicos desde hace unos meses y me han dado poder. Sé que la ley de la atracción funciona, y el reciente ascenso (aunque todavía no es mi gran objetivo) se siente como el primer paso en mi viaje de manifestación.*

*Así que quiero seguir practicando la visualización. Intento concentrarme en mi oficina nueva, en las reuniones de trabajo nuevas, pero es un poco borroso y no puedo sentirlo del todo. ¿Algún consejo para que mi visualización sea más fácil y rápida?*

Respuesta:

*El mejor consejo es que te centres en las cosas que te gustan hacer. En verdad tienes que preguntarte por qué pretendes manifestar ese trabajo con salario de seis cifras. ¿Qué te motiva?*

*¿Es el prestigio y el reconocimiento de tu empresa? ¿Tu dedicación y trabajo duro? Si es así, sigue*

*visualizando el trabajo que harías y céntrate en el proceso y en cómo lo disfrutas.*

*Si, por el contrario, tu deseo de manifestar un salario de seis cifras se debe a que quieres mejorar tu estilo de vida, céntrate en la libertad que puede darte el dinero.*

*Por ejemplo, viajes exóticos, compras, comer en buenos restaurantes. ¿De qué manera pensarías como persona que gana seis cifras? ¿Cómo gestionarías tu dinero? ¿Invertirías? ¿Tendrías un contable? De nuevo, no hay razón para pensar demasiado si eso te hace sentir confuso. Limítate a las preguntas que te hagan sentir bien y emocionado y utilízalas como base para tus visualizaciones. ¡Lo que sea que te haga sentir bien!*

Pregunta:

*¿Puedes enseñarme a dejar de pensar en alguien todo el tiempo? Esa persona está drenando mi energía. Intento no hacerlo, pero sigo pensando en él y lo odio. Quiero dejar ir a esa persona y seguir adelante.*

Respuesta:

*Practica la meditación. No me vas a creer, pero yo era igual que tú. Yo también solía pensar demasiado y no podía dejarlo ir. Relájate. Medita. Visualiza que estás sola en lugares hermosos. Siempre funciona. De la misma manera, no te obsesiones con los intentos. Céntrate más en la visualización consciente.*

Pregunta:

*Hay muchas oportunidades que me gustaría manifestar para convertirme en un empresario diversificado, con diferentes flujos de ingresos, pero no estoy seguro de cuál debería elegir primero. Supongo que es mejor manifestar una cosa específica y solo entonces hacer otra cosa. Entonces, ¿cómo empiezo a visualizar? ¿Debo empezar por la oportunidad más lucrativa?*

Respuesta:

*Enfócate más en lo que te apasiona, y luego todas esas cosas vendrán como un efecto secundario. El dinero es un efecto secundario de que hagamos lo que nos apasiona mientras servimos a los demás.*

*Por ejemplo, hace varios años, me visualizaba haciendo vídeos y vendiendo programas y retiros caros. Pensaba que era la única manera porque veía que otras personas manifestaban abundancia haciéndolo.*

*Sin embargo, no sentía ninguna pasión por ello. Soy una escritora en mi núcleo, y este es mi auténtico yo. Pasé unos tres años visualizando lo que no era para mí, para empezar.*

*Como resultado, nunca pude conseguirlo. El universo se negó amablemente porque no era para mí. Había un camino mucho mejor para mí. Así que, si la visualización no te funciona ahora, también puede significar que no te apasiona lo que quieres y, que algo mejor, mucho mejor, se desarrollará para ti. Así que, amigo mío, no puedes perder ¡Solo puedes ganar!*

**Tu mente funciona como un motor de búsqueda. Úsala sabiamente para encontrar tus sueños**

Tu mente funciona como un motor de búsqueda. Por eso, si siempre estás pensando en tus miedos y en los peores escenarios, tu mente te mostrará aun más situaciones negativas. A tu mente le encantan esos "subidones" negativos: *Toma, aquí hay una escena negativa más para ti, ¡sé que te encantan estas cosas!*

Últimamente, he estado buscando trabajar con un mentor. He oído muchas cosas buenas sobre él; así que he buscado en Google su empresa y añadido "historias de éxito" porque estaba buscando inspiración. Quería ver cómo otras personas se transformaban utilizando sus enseñanzas.

Al mismo tiempo, uno de mis amigos, que es un poco más escéptico; buscó su nombre en Google y añadió "estafa".

No hay nada malo en ello. Puedes buscar en Google lo que quieras. Y sea lo que sea en lo que te centres, tu mente encontrará las pruebas para ello.

Así que, en mi caso, encontré la información de que la compañía y los programas eran legítimos. Y me inspiré en la gente que usaba esos programas y busqué más información.

Sin embargo, mi amigo asumió que no era una empresa legítima y se obligó a demostrar que sus pensamientos eran los correctos. Una vez más, no hay nada malo en ello. En algunos casos, es bueno ser escéptico, y no estoy diciendo que siempre debas creer a todo el mundo y lo que dicen. Haz tu debida diligencia.

Hacia lo que quiero llamar tu atención es a que tu mente es como un motor de búsqueda de Google.

Digamos que trabajas en ventas, o estás haciendo ventas para hacer crecer tu propio negocio. Si en tu mente asumes que te encanta hablar con la gente, y que les haces un gran favor haciéndoles ofertas, siempre atraerás grandes clientes. Será lo normal para ti. Tu mente te alineará con las pruebas y acciones que te harán la vida más fácil.

Sin embargo, si tu mente se pone en plan de:

*Oh no... ¿Y si me pongo al teléfono con ellos y al final comparto mi precio y me dicen que es demasiado?*

*¿Y si trabajamos juntos y no obtengo resultados?*

*¿Y si publican una crítica negativa sobre mí?*

*¿Qué pasaría si? ¿Y si?...* y solo lo negativo.

Así que, a partir de ahora, cada vez que te sorprendas a ti mismo en esos "y si" negativos, acéptalos (no te juzgues por tenerlos).

**Ejemplos de preguntas empoderadoras y búsquedas positivas**

*¿Qué pasaría si llamo a este prospecto ahora y me compra? ¿Cómo se sentiría?*

*¿Y si solicito ese trabajo y lo consigo? ¿Qué se sentiría?*

*¿Y si trabajo menos y gano más dinero? ¿Qué se sentiría?*

*Por cierto, también puedes utilizar esta mentalidad basada en el amor (también conocida como la técnica de tu mente como motor de búsqueda) para mejorar otras áreas de tu vida.*

*¿Y si hago esta dieta y me encanta?*

*¿Y si bebo esos batidos todos los días y mi piel se ve genial?*

*¿Y si dejo de beber alcohol y sigo divirtiéndome cuando salgo?*

Este es el primer paso. Cambia tu mentalidad basada en el miedo a la mentalidad basada en el amor. Visualiza la imagen en tu mente y siéntelo de verdad. La mentalidad basada en el amor te conectará con las ideas correctas, te guiará. Te impulsará a emprender acciones decididas e inspiradas en consonancia con tu visión.

Siempre que medites, concéntrate en tus pensamientos y déjalos fluir. Si detectas algún pensamiento negativo que intente desviarte del camino, asegúrate de capitalizarlo en pensamientos positivos.

Puedes buscar en Google con una "historia de éxito" al final de la frase de búsqueda. O puedes buscarte en Google con "por qué no funcionó". Todo depende de ti.

Y lo curioso es que, te centres en lo que te centres, tu mente encontrará la evidencia en su motor de búsqueda...

Entonces, ¿qué tipo de pruebas vas a buscar?

# Conclusión

La ley de la atracción es un fenómeno real, y encontrarás millones de historias que comprueban su éxito.

Al mismo tiempo, muchas personas se rinden porque no les funcionó de inmediato, o se encontraron con algunos bloqueos subconscientes (lo supieran o no).

Lo más importante es tu percepción. Acude a la ley de la atracción y al proceso de manifestación como una herramienta a largo plazo para ayudarte a alinearte con tu ser superior y abrazar la positividad para siempre.

Úsalo para centrarte en tu energía, salud y felicidad mientras dejas ir viejos miedos y dudas. Haz crecer tu músculo de la manifestación.

El universo puede estar enviándote algunos obstáculos por aquí y por allá para que salgas de tu zona de confort, o para que reajustes tu camino y puedas manifestar tu visión y así crear éxito a largo plazo en todas las áreas de tu vida.

Estás leyendo este libro y sus páginas finales por una razón. Nunca limites tus sueños a causa de algunos contratiempos iniciales. El universo solo te está poniendo a prueba y te está dando algunas herramientas fantásticas para que crezcas.

Simplemente sintoniza y escucha. Mantente fuerte, amigo mío. Espero que nos "encontremos" de nuevo en otro libro.

Recuerda que ¡te quiero, creo en ti y rezo por ti!

¡Gracias por leer este pequeño libro hasta el final!

Ahora, antes de que te vayas, ¡me encantaría recibir tus comentarios!

Así que, si tienes alguna idea que compartir sobre este libro, por favor, publica una reseña en Amazon y en Good Reads.

No tiene que ser larga si estás ocupado, de hecho con una sola frase bastará.

Por favor, déjame saber cuál es la lección número uno que obtuviste de este libro y quién crees que podría beneficiarse de su lectura.

Tu reseña puede ayudar a otros lectores de nuestra comunidad a liberar el poder de la visualización y acercarse a sus sueños.

Me encanta escuchar a mis lectores, y estoy deseando leer tu reseña.

¡Gracias, y que tengas un buen día!

Posdata: para estar en contacto conmigo, mis últimas actualizaciones de autoría y nuevos lanzamientos, sigue mi sitio web y mi página de Amazon en:

www.LOAforSuccess.com

www.amazon.com/author/elenagrivers

¡Hasta la próxima, con mucho amor!

# Acerca de Elena G. Rivers

Elena G. Rivers es una autora de bestsellers apasionada por escribir libros espirituales de autoayuda y sobre la ley de la atracción muy edificantes, destinados a asistir a las personas con almas ambiciosas a manifestar la realidad de sus sueños.

Sus herramientas son prácticas y efectivas, ya que es una gran creyente de la simplicidad. Lo que separa a Elena de la mayoría de los "gurús" de la ley de la atracción, es que en lugar de perseguir el último "método de manifestación", la autora se centra en ejercicios probados para ayudarte a cambiar permanentemente tu mentalidad y energía y así construir una versión nueva y más empoderada de ti mismo, creando conscientemente una vida que puedas amar.

Ella fusiona sus herramientas de manifestación probadas con un profundo trabajo interno, para ayudarte a abrazar el amor propio y transformar tu autoimagen de una manera poderosa. Después de todo, no atraes lo que quieres, sino que atraes lo que eres y ¡este es el verdadero trabajo de la ley de la atracción y la profunda metamorfosis que puedes experimentar al leer uno de los libros de Elena!

Por favor, ten en cuenta que los libros de Elena están dirigidos a personas con almas ambiciosas. Estas son personas que están comprometidas a hacer el trabajo interno y a transformarse en un nivel más profundo. Escribe principalmente para creadores poderosos, empresarios guiados por el corazón, líderes, profesionales, creativos, empáticos y sanadores. Personas que desean manifestar abundancia creando contenido de valor para el mundo.

Los libros de Elena combinan lo metafísico con lo práctico, para ayudarte a ti, una persona ocupada y ambiciosa del siglo XXI, a manifestar con alegría y facilidad. También llena sus libros con historias de éxito de la vida real de personas que enriquecieron sus vidas con la ley de la atracción, para ayudarte a mantenerte inspirado y florecer en una alta vibración.

# Más Libros de Elena G.Rivers en Español

*La mentalidad para atraer el dinero: Deja de manifestar lo que no quieres y cambia tu mente subconsciente hacia el dinero y la abundancia*

*Desmitificando los secretos de la manifestación: Técnicas avanzadas sobre Ley de la Atracción para manifestar tu realidad soñada al cambiar tu autoimagen para siempre*

*El Amor de la Atracción: Secretos probados para dejar la mentalidad basada en el miedo, activar ley de la atracción y comenzar a manifestar tus deseos*

*Libro de actividades de ley de la atracción: Cómo elevar tu vibración en 5 días o menos para manifestar la vida y la abundancia que mereces*

Encontrarás más buscando "Elena G. Rivers" en Amazon y en nuestra web:

www.loaforsuccess.com/spanish

Contacto:

info@LOAforSuccess.com

For English website & books visit:

www.loaforsuccess.com

www.ingramcontent.com/pod-product-compliance
Lightning Source LLC
Chambersburg PA
CBHW072202100526
44589CB00015B/2334